SHODENSHA
SHINSHO

青年・渋沢栄一の欧州体験

泉 三郎

祥伝社新書

まえがき

渋沢栄一（一八四〇〜一九三一年）は、一八六七年一月、将軍・慶喜《よしのぶ》の弟、民部大輔《みんぶたいふ》・徳川昭武《あきたけ》に随行してフランスに渡り、滞欧生活は一年と六ヵ月に及んだ。

本書の主題は、青年・渋沢がどのような背景を基に、ヨーロッパへの旅に出かけたか。そして二年近くにわたる船旅を含めての大旅行の体験によって、後年、日本近代化の巨人に成長していく基礎を、いかにして培《つちか》ったかを辿《たど》ることにある。同時に、その前後の一橋《ひとつばし》家の仕官時代や大蔵省での事績と合わせて、その実像を明らかにしていきたい。

思えば、人の一生を樹木の生長に譬《たと》えれば、その根や幹は、三十歳前後までに出来上がってしまうもののようである。そしてその時期における旅や海外体験が、いかに重要かということである。それは視野を大きく広げるとともに、自らを、そして自国の姿を外から客観的に見る機会を与えてくれるからである。

事実、七十歳代も半ばの頃、渋沢はこう語っている。

「自分の一身上、一番効能のあった旅は、四十四年前の洋行と思います。この時が銀行を起こすこととか、公債を発行するとか、外国では役人と商人の懸隔が日本の如くでない、これはなんとかしなければならぬと言う事に気が付いた、これはよほど効能のあったことと思います」

渋沢栄一に関しては、先学によって、すでにおびただしい数の著作が出版されている。その中にあってこの小著は、巨人・渋沢栄一の青年時代と海外体験に焦点を絞り、その根幹をなす思想と行動を探るものである。この「不倒翁」といわれる大樹・渋沢栄一の誕生の秘密に少しでも迫ることができれば幸いである。

吉田松陰は「青年、志を立てれば意気盛んなり」と述べたが、その典型的な例がここにあると思う。その意味で、とりわけ、これからの日本を担《にな》う若い世代に読んでほしいというのが、著者の切なる願いである。

平成二十三年一月吉日

泉《いずみ》　三郎《さぶろう》

目次

二章　なぜ、農民出身のにわか侍《ざむらい》が選ばれたのか

三章　マルセイユまで、四八日間の船の旅

目次

九章　明治新政府での活躍と欧州体験

終章　いま求められる「論語資本主義」の精神

写真提供／渋沢史料館

おことわり

本書で引用した渋沢栄一の著作、日記、口述記録、および同時代人の記録については、いずれも『渋沢栄一伝記資料』（渋沢栄一伝記資料刊行会 昭和三十年刊）に典拠した。その際、読者の便宜を考え、文字づかいは新字新かなに、今日の用例になじまない漢字はひらがなとし、送り仮名についても、今日風に改めた。振り仮名、句読点についても、適宜、これを補った。また、外国の地名についても、一部の例外をのぞき、漢字表記をカタカナに改めた。〔　〕の註は原著のもの、（　）の註は著者によるものである。登場人物の年齢は、いずれも数え年で表記した。

（編集部）

序章　いまなぜ、渋沢栄一か？

渋沢栄一とは何者か

渋沢栄一につけられた代名詞は、枚挙にいとまがない。日本資本主義の父、日本近代産業の生みの親、五〇〇にも及ぶ会社を興し、六〇〇になんなんとする社会・教育・公共事業を起こした巨人、明治・大正・昭和にわたる九〇年余の生涯を数々の挫折をも乗り越え生き抜いた類《たぐ》い稀《まれ》なる「不倒翁」、自ら財閥を創ろうとはせず、もっぱら公益を追求した私心なき偉大な経営者、あくまでも官でなく民の人、自主独立の人、民業の地位向上を目指し、商工業者やビジネスマンのために「論語と算盤《そろばん》」を講述し、一貫して「経済道徳合一説」を唱道した事業家、モラルリーダー……。

渋沢栄一は、単なる実業家、単なる経営者ではない。まして単なる資本家でもない。膨大な『渋澤栄一伝記資料』(本編五八巻、別巻一〇巻)を編纂した経済学者の土屋喬雄《つちやたかお》は、自ら書いた伝記『渋沢栄一』(吉川弘文館 人物叢書)の中で次のように述べている。

「彼は日本近代資本主義の最高指導者として実業界や日本国民生活や日本政治の堅実なる発達を念願として指導したのみならず、国民外交すなわち国際親善、世界平和の促進、道徳・風教の刷新、教育とくに実業教育および女子教育の振興、学術・文化の助成、労使協調等の公共事業や種々の社会事業に努力し、寄与するところ多かった」

その多面的、超人的な活躍ぶりは、銀行、紡績、ホテル、劇場、学校、病院、養育院、商工会議所、取引所など広範に及び、一ヵ月に会社を一つ、公益事業を一つは起業し、またはそれに関連していた勘定になる。

おもなものを挙げれば、実業関連では第一国立銀行（現・みずほ銀行）、東京ガス、東京海上火災保険、東洋紡績、王子製紙、キリンビール、帝国ホテルなどがあり（217ページ参照）、医療関係では東京慈恵会、日本赤十字社、聖路加国際病院があり、教育関係では、商法講習所（現・一橋大学）、大倉商業学校（現・東京経済大学）、二松学舎、国士舘、日本女子大学、東京女学館などということになる。

さらには、外交にも著述にも力を尽くした。まさに目を見張るばかりの超人ぶりである。

したがって、これまで多くの作家や学者が渋沢栄一に挑戦し、いろいろな角度から渋沢栄一像を描いてきた。伝記的著作をものしたおもな人物には、戦前の文豪、幸田露伴《こうだろはん》があり、戦後の文明批評家、山本七平《やまもとしちへい》があり、平成のフランス文学者、鹿島茂《かしましげる》がある。また、小説の主人公として描いた作家には、『激流』の大佛次郎《おさらぎじろう》、『雄気堂々』の城山三郎《しろやまさぶろう》、『小説　渋沢栄一』の津本陽《つもとよう》などがいる。

それでもなお、時代の要請によって繰り返し話題になり関連著作が刊行される。そして、二十一世紀を迎え、グローバル化が急激に進む今日、その存在が改めて脚光を浴びてきているのだ。

ドラッカーが渋沢を評価する理由

では、いまなぜ、渋沢栄一なのか。

第一には、サブプライムローンに端を発したリーマンショックであり、そこで露《あら》わにされた強欲資本主義に対する反省がある。モラルなき市場原理主義が世界を覆い、「勝ち組」と「負け組」を生み、富めるものはいよいよ富み、貧しきものはいよいよ貧しくなる状況が生み出された。

そこで近代経済学の祖アダム・スミスの「道徳論」が見直され、江戸の商人道、石田梅岩《いしだばいがん》の「心学《しんがく》」が見直される。いま、求められているのは、抑制の利いた資本主義であり、節度のある競争であり、「道と心」のある経営、倫理観ある経営者である。そこで浮かび上がってくるのが、それらを体現した「全人的経営者・渋沢栄一」なのである。

それは日本だけではない。世界をリードする超大国のアメリカでも、次世代のグローバルリーダーと目される巨大中国でも、渋沢栄一が評価されてきている。

古稀（数え年70歳）を迎えた渋沢栄一

米国の著名な経営学者、ピーター・F・ドラッカーは、その著書『断絶の時代』でこういっている。

「明治維新は、前例のない十九世紀最大の出来事であり、歴史の転換点である。明治維新によって『世界の歴史』が始まったのだ。それまでは、ただ、ヨーロッパ、中国あるいはトルコの歴史しか存在しなかったのである」

そして、この世界的事象である「明治維新」を理解するには、三人の重要人物を知らなくてはならないとして、福沢諭吉、渋沢栄一、岩崎弥太郎《いわさきやたろう》の名を挙げ、三人をこう評価する。

「福沢は実務家であり訓育家であった。渋沢は倫理家、岩崎は唯物主義者であり起業家である」。「(三人にみられる)勇気ある行動、先見性、手腕、さらに後々まで受け継がれる偉業の数々に私は感嘆せずにいられない」。しかし、「私自身は長年、渋沢栄一を好ましく思ってきた」と。

なぜか、福沢には拝金主義や帝国主義的性向があり、岩崎は公共事業や社会事業への理解が希薄だったからであろうか。渋沢はモラルという点で抜きん出ており、全人格的な魅力において最も好ましいという意味だと察せられる。

もう一つの超大国、中国での評価も高まっている。たとえば、中国社会科学院世界経済政治研究所の周見《しゅうけん》教授（比較経営史）は、『張謇と渋沢栄一』の中で、次のようにいっている。

「日本の近代産業の父と賞賛され、日本の近代化に巨大な貢献をした渋沢栄一は、脱亜入欧や後進的なアジア諸国に武力行使を主張する思想家とは違って、儒教を代表とする東洋の伝統文明が依然として生命力を持つという見方を示し、東西文明の融合を主張し、経済道徳合一説を提唱した」

つまり、福沢諭吉との違いを、明確に指摘しているのだ。

「また、晩年には特に外国との観点から沢山の価値ある思想を打ち出し、民間の経済交流、平和的産業発展、主権の不可侵を前提とした国際交流などを強く主張し、日本が武力によって拡張することに反対し……」とし、渋沢の平和志向、儒教的近隣親善外交を高く評価しているのである。

日本的資本主義を求めて

現在の日本の政治経済状況は、あまりに混迷を深めている。無為無策の政治、低迷する経済、国・地方の巨大借金、国際的地位の低下、退廃し崩れゆく社会……、先に明るさが見えない、夢のあるビジョンが持てない、鬱陶《うっとう》しい閉塞感が漂うのが現状だからである。

それでは、何を頼りにするべきか。「迷ったら原点にもどれ」と古語にもあるように「歴史に学ぶ」しかないのではないか。その最もよい教材が日本近代化の原点というべき明治維新なのである。あの世界史的な転換期にあって、未曾有《みぞう》の国家的な危機の中で、必死に格闘し、新時代を切り拓いた先人たちの事績に学ぶことである。NHKの大河ドラマで坂本龍馬がクローズアップされ、維新回天のサムライたちの命がけの言動が共感を呼ぶのも、そうした時代背景と問題意識があってのことであろう。そして、龍馬に続くサムライたちの一人として、新しい国造りに邁進した数ある群像の中でも、ひときわスポットライトを浴びているのが渋沢栄一なのだ。

現在の日本は、明治維新以来一四〇年、戦後の敗戦ショックから六五年、まさに大きな時代の転換期にある。近代の科学技術文明と市場経済システムが世界を蔽《おお》い、その矛盾や問題点があちこちに露出している。つまり近代文明そのものが限界に達し、歴史的な大転換が世界的に求められているのである。それは「天・地・人」に及び、異常気象、環境問題、資源問題、人間性の喪失などに顕現している。そこに多くの人が限界を感じ、新しい生き方を模索している。それこそが、明治維新のような大転換期における先人の生き方に関心が高まる理由だろう。

渋沢栄一の生涯（前半生を中心に）

西暦	元号	年齢	事跡
1840	天保11	1	武蔵国血洗島村（埼玉県深谷市）に生まれる
1845	弘化2	6	父から『論語』『中庸』を学び始める
1856	安政3	17	御用金の上納をめぐり、代官の嘲弄を受ける
1863	文久3	24	高崎城乗っ取り計画を立案、決行直前に中止 一橋家の平岡円四郎をたよって、京都へ
1864	元治1	25	一橋家に仕官し、慶喜に面会
1865	慶応1	26	歩兵取立御用掛として、手腕を発揮する
1866	慶応2	27	徳川慶喜15代将軍に就き、栄一は幕臣に
1867	慶応3	28	1月、徳川昭武に随ってフランスに出立 3月、パリに到着 5月、パリ万博の賞牌授与式に参列 8月、パリを発ち、各国巡歴に向かう 10月、マルタ島を出帆、マルセイユへ 11月、ロンドンでヴィクトリア女王に謁見
1868	明治元	29	7月、朝廷より昭武の帰国を促す御用状届く 11月、横浜に帰港。12月、静岡で慶喜と面会
1869	明治2	30	1月、静岡で「商法会所」設立 11月、明治政府に出仕、民部省租税正に
1871	明治4	32	廃藩置県の善後策に奔走
1872	明治5	32	大蔵少輔となり、諸般の改革に携わる
1873	明治6	33	5月、大蔵省を辞職する 6月、第一国立銀行開業、総監役となる
1875	明治8	35	第一国立銀行頭取
1916	大正5	76	実業界を引退し、以後、社会公共事業に尽力
1920	大正9	80	子爵を授けられる
1931	昭和6	91	11月11日、永眠

（明治4年までは数え年、改暦の明治5年以降は満年齢で表示）

その意味で、渋沢の青年時代はまさに「激流」の中にあった。挫折を繰り返しながらも大変化する状況に果敢に挑戦していく姿は、現代にとっても疑いなく好個の教材である。そして生涯を通じて、倫理的な事業家・経営者でありつづけたという事実において、「日本的資本主義」あるいは「論語資本主義」ともいうべきハイブリッドな経営理念を実践したという事実において、今や世界的にも評価されるべき存在といっていいだろう。

そして、われわれ日本人は、軽々しく外国人に教えを乞う前に、われわれ自身の歴史と先人の事績を、まず知らねばならないと思うのである。

一章　将軍の親弟、徳川昭武《あきたけ》に随《したが》って欧州へ

突然の遣欧使節随行命令

渋沢の自叙伝物語ともいうべき『雨夜譚《あまよがたり》』にこうある。

「その月《つき》（慶応二年〈一八六六〉十一月）の二十九日に、原市之進《はらいちのしん》から、急に談ずることがあるから来てくれい、という使者が来た。直ちに行ってみると、別の事ではないが、今度千八百六十七年の仏国《フランス》の博覧会について、各国の帝王も皆仏国へ会同される趣だによって、日本からも大君の親戚を派遣するが好いと、仏国公使が建言したから、種々協議の末、水戸の民《みん》部公子《ぶこうし》をお遣《つか》わしになることに決した」

原市之進とは、時の将軍・徳川慶喜《よしのぶ》の側用人《そばようにん》であり、民部公子とは慶喜の実弟の昭武《あきたけ》、数え十五歳の少年である。

「右については外国奉行も付き添ってゆくが、その博覧会の礼式がすむと、フランスに留まって学問をさせようという上（将軍慶喜）の思召《おぼしめし》で、まず五年か七年は、彼の国に留学の心得である、よって供人も余り多人数は連れられぬはずである。ところがこれまで民部公子に付き添うていた水戸の連中が、公子を一人で外国へ遣《や》るということは承知せず、やむをえず七人だけ召し連れることに決した」

水戸藩は徳川御三家の一つ。昭武は尊皇攘夷でなる巨魁、水戸斉昭《なりあき》の十八子で、とりまきも猛者がそろっている。

「しかるにこの七人は、素《もと》より洋学などを志す人ではなく、昔日の如く外国人を夷狄《いてき》禽獣とのみ思っている変通のない頑固の人々であるから、かようの人のみを付けおくときは、将来のところが覚束《おぼつか》ない。もっとも民部公子の御傅役（お守り役）には、幕臣の山高石見守《やまたかいわみのかみ》という人が命ぜられることではあるが、水戸の七人と相伴《ともな》って民部公子に学問させるというのは、よほど困難と思われる。ついて上のご内意には、篤太夫《とくだゆう》こそこの任は適当で、未来の望みも多いであろうとのご沙汰であるから、拙者も上のご人選を感服して、足下《そっか》（貴殿）に充分御内意を伝えますとお受けしておいた、速《すみや》かにお受けせられよ」

まさに天から降ってきたような話である。篤太夫とはむろん渋沢のこと（一橋家に仕官するにつき、もらった名前）で、将軍直々の指名だという。

渋沢自身がいうのに、「正直に申せば私はこのごろ全く目的が外れて、一命を捨てようか、百姓をしようかとさえ迷っておった」という次第だったから、「朦朧《もうろう》たる霧の中で一条の光」がさっと差してきた感じであった。

「自分がそのときの嬉しさは、実に何とも譬《たと》うるに物がなかった。自分が心で思ったには、人というものは不意に僥倖《ぎょうこう》が来るものだと、速《すみや》かにお受けをいたしますから、是非お遣《つか》わしを願います。どのような艱苦《かんく》も決して厭《いと》いませぬ」

というぐあいだった。

原市之進は渋沢が二つ返事で引き受けたので、むしろ驚いた。渋沢がそこまで追い込まれていたとは知るよしもなかったからだ。渋沢がはやる気持ちを抑えて、いつごろ出立かと聞けば「まあ、当年の内であろう」ということ。支度に一ヵ月もないあわただしさである。まずはこの内命を郷里の父へ手紙で伝え、これまで死生を共にしてきた盟友、渋沢喜作《きさく》にも伝えなければならない。それから使節のお付きのお偉方に会ったり、問題の水戸藩の七人にも会わなくてはならない。むろん、一通りの旅装も整えなくてはならず、てんてこ舞いの忙しさで、まさに鳥が飛び立つような旅立ちであった。

招待するフランス側の思惑

この使節、招くフランス側にも、受ける日本側にも思惑があった。

当時のフランスは、「怪帝」とも称されるナポレオン三世が絶頂期を迎えていた。産業革命を成し遂げたナポレオン三世は「産業皇帝」とも称され、盟友オウスマンの尽力によって大改造されたパリが、世界一の都としてその麗姿を現わしたころだった。そこを舞台に華々しく挙行される万国博覧会には、フランス帝国と王の権威を世界に知らしめようという大野心があった。

対外的にはメキシコを属国化し、遅れをとっていたアジアにも触手をのばして、日本へは公使レオン・ロッシュを遣わして幕府との親密度をいよいよ増している情勢だった。

そのころ、米国は南北戦争の最中で、日本に構っている余裕はなく、対日貿易の面ではもっぱら英国が主導していたが、その功労者である公使のオールコックが退任して、後任のハリー・パークスに交代する時期でもあり、ロッシュは、その間隙を衝《つ》いて幕府に食い込んでいた。

フランスは、幕府に借款を与えて横須賀造船所の建設を進め、フランス式軍隊を採用させてシャノワン以下の教師を派遣した。

片や英国公使館は通訳官のアーネスト・サトーやアストンを遣って情報を集め、幕府の統治能力に疑問を感じ、西南の雄藩、薩摩《さつま》や長州《ちようしゆう》との接近をはかった。また、スコットランド出身の商人グラバーを介して、長州の井上馨《いのうえかおる》や伊藤博文《いとうひろぶみ》、薩摩の五代友厚《ごだいともあつ》、寺島宗則《てらじまむねのり》、森有礼《もりありのり》、吉田清成《よしだきよなり》などを英国へ留学させる周旋もした。幕府の目を盗み、国禁を犯しての渡航であった。

一方、日本の状況はといえば、指導力を発揮できない幕府は、天皇からの攘夷の要請も実行に移せず、反幕府の長州討伐を決めながらも遂行できず、井伊《いい》大老が暗殺されるなど、その権威は地に堕ちていた。幕府としては、英明の誉れ高い慶喜を将軍の後見役に立て、巻き返しを図るしかなかった。それは幕府としてはいわば起死回生の一手であり、慶喜自身も大いに期するところがあった。事実、禁門《きんもん》の変では自ら先頭に立って長州勢を一掃し、一時は幕府の勢力を大いに盛り返した。

フランスから万国博への招聘《しょうへい》話があったとき、慶喜がこれを機に世界の舞台で新将軍の存在と威光を誇示し、国内にもその影響力を及ぼして優位に立とうと意図したとしても当然であろう。もともと慶喜は、フランス語を習ったこともあるくらいの親仏派であり、公使のロッシュも、慶喜を大いに買っていた。この際、ナポレオン三世の威光を自らの後ろ盾にしたいとの思いもあったに違いない。

使節団一行、その面々とそれぞれの目的

こうして昭武使節団が急遽《きゅうきょ》結成される。その構成は左記のとおりである。

全権　勘定奉行格外国奉行　駐フランス初代公使　向山隼人正《むこうやまはやとのかみ》（四十二歳）
御傅《ふ》役（昭武のお守役）　作事《さくじ》奉行格小姓頭取《こしょうかしらとり》　山高石見守（二十七歳）
歩兵頭並　保科俊太郎《ほしなしゅんたろう》（二十五歳）
外国奉行支配組頭《くみがしら》　田辺太一《たなべたいち》（三十七歳）
外国奉行支配調役《しらべやく》　日比野清作《ひびのせいさく》
同　杉浦愛蔵《すぎうらあいぞう》（三十三歳）
同　出役《しゅつやく》　生島孫太郎《いくしままごたろう》
儒者次席、翻訳方頭取　箕作貞一郎《みつくりていいちろう》（二十二歳）
通弁御用　山内六三郎《やまうちろくさぶろう》（二十九歳）
〔民部大輔のお付き〕
大御番格砲兵差図役頭取勤方　木村宗三《きむらそうぞう》
勘定格陸軍付調役　渋沢篤太夫（栄一、二十八歳）
〔民部大輔お傭い（七人の侍）〕
小姓頭取　菊池平八郎《きくちへいはちろう》（水戸藩士）
井坂泉太郎《いさかせんたろう》（同　三十二歳）

奥詰《おくづめ》（警護役）

加治権三郎《かじごんざぶろう》（同　三十二歳）
皆川源吾《みなかわけんご》（同　三十一歳）
大井六郎左衛門《おおいろくろうざえもん》（同　三十三歳）
三輪端蔵《みわたんぞう》（同　三十三歳）
服部潤次郎《はっとりじゅんじろう》（同　三十四歳）

奥詰医師

高松凌雲《たかまつりょううん》（三十二歳）

大砲差図役《さしずやく》勤方

山内文次郎《やまうちぶんじろう》

この他、案内役兼世話役として、駐長崎のフランス領事レオン・デュリーがつき、さらには江戸の英国公使館付きの日本語通訳官アレクサンダー・フォン・シーボルトが随行する。その他、公子、向山、山高、外国方の小遣いとして各一名、その中には髪結いと裁縫の両方ができる綱吉という者も含まれる。それから万博の出品に関する世話役として清水卯三郎《しみずうさぶろう》が商人として参加した。また、伝習人（留学生）として、会津藩から横山主税《よこやまちから》、海老名郡次《えびなぐんじ》、唐津藩から尾崎俊蔵《おざきしゅんぞう》の三名が同行、総数は三三名であった。

さて、公子はあくまでも年少なので、全権大使役となるのは向山隼人正である。この人物は、昌平校で英才の名をほしいままにしたエリートである。そのまま初代の駐仏公使になる含みで派遣される。黄村《こうそん》と号して詩作をよくした文人だった。

山高は作事奉行格で、傅役というのは昭武のお守り役、後見人である。

保科は箱館在住だった神父のカションにフランス語を習った人物で、歩兵頭となっているのは昭武の留学目的が軍事だったためで、兵学、砲術、歩兵などの指南役であったが、同時に通訳の役目を果たした。

田辺太一も昌平校で秀才をうたわれた能吏で、蓮舟の号を持つ文人肌、すでに海外経験もある幕末外交のベテランである。

問題の水戸の藩士たちはいずれも三十歳代で、剣術自慢の猛者《もさ》といっていい。融通の利かない古武士の雰囲気、若殿大事に凝《こ》り固まっている人たちである。

それから不思議なのは、英国公使館付きのシーボルトが同行していることである。シーボルトは、幕末長崎にやってきた医者で、帰国後も東洋学者として著名だったフィリップ・フランツ・フォン・シーボルトの長男であり、英仏蘭語を能《よ》くし、日本語も堪能だった。出帆間際になって「ちょうど帰国途中なのでお役に立てれば」という申し出があり、パリまで同行することになった。使節団一行も万事不案内のことでもあり、日本語がわかる人物は貴重ということもあって、採用が決まったようだ。しかし、内実は英国側が巧みに諜報役をもぐりこませたことになる。

この使節団、目的は二つあり、それによって団員の性格も二つに分かれる。一つは万国博覧会に参列し、あわせて条約を締結した各国へ挨拶回りをする正式の使節団であり、主に外国奉行（外務省）畑から構成されている。もう一つは、公式訪問が終わったあとも公子昭武の留学に付き添う一団である。渋沢は、その私的グループの雑事を引き受ける執事、事務長のような役柄だった。

こうして慶応三年一月十一日（一八六七年二月十五日）、一行は横浜からフランス郵船のアルフェ号で出帆することになる。船は三本マストの一五〇〇トンの蒸気船で、それほど大きな船ではなかったが、渡航が初めての渋沢らにとっては、素晴らしい船に見えた。

港には当時の幕府の主立った高官、老中の小笠原《おがさわら》壱岐守《いきのかみ》、海軍奉行並大関《おおぜき》肥後守《ひごのかみ》、勘定奉行小栗上野介《おぐりこうずけのすけ》、外国奉行川勝近江守《かわかつおうみのかみ》、栗本《くりもと》安芸守《あきのかみ》らが見送りに来ており、フランス公使のレオン・ロッシュや、フランス東洋艦隊の提督も船中まで挨拶にきた。

徳川昭武と使節団一行の記念写真
後列左端が渋沢、後列右から５人目が杉浦譲、前列左端がシーボルト、右端がフランス側世話役のデュリー

徳川日本は開国以来、それまでにいくつもの使節団を米欧に派遣したが、いまをときめく皇帝ナポレオン三世直々の招きで、世界的なイベントというべき万国博覧会に大君の弟君を派遣するとあって、格式の上でも最も高く、幕府としても力が入っており、その見送り風景も華やかなものであった。

二章　なぜ、農民出身のにわか侍《ざむらい》が選ばれたのか

若くして学問、剣術、実業に通ず

時に渋沢、二十八歳、妻帯して娘が一人いた。身分は一橋家の家臣だが、慶喜が将軍になることでそのまま将軍家直属の家臣になっていた。もとは深谷《ふかや》（埼玉県）の田舎、血洗島村《ちあらいじま》の豪農の息子がどうしてそのようなことになり、十五代将軍・慶喜のご指名を受けるにいたったのか。それには栄一の生い立ちや、それまでの経歴を見てみる必要がある。このあたりのことは土屋喬雄《つちやたかお》著『渋沢栄一伝』に詳しいので、そこから紹介させていただく。

栄一は天保十一年（一八四〇）の生まれである。父はその地方有数の豪農として、養蚕や藍の商売も手がけ、貸金業もしていたほどの資産家で、名主《なぬし》並みという役職にあり、苗字帯刀を許された家柄であった。栄一は一人息子で、六歳のころには父が『大学《だいがく》』、『論語《ろんご》』、『中庸《ちゅうよう》』を教えた。

父親の市郎右衛門《いちろうえもん》は、母親が家付き娘のため婿養子であったが、誠実・勤勉な人柄で商才もあり、大いに家業を盛り上げた。また武芸や学問もあり、詩をつくり俳諧もたしなむという風流人でもあった。母は控えめで慈愛のこもった人で、ライ病持ちの女性にも親しく接した。このような父母のもとに生まれ育ったことは、栄一の第一の幸運だったといえる。

栄一は少年のころから利発で、読書を好み、とくに記憶力がよかった。父親はその才能を見抜き、七歳になると尾高藍香《おだからんこう》の私塾へ通わせる。藍香は、惇忠《あつただ》といい、栄一にとっては十歳上の従兄弟で、やはり豪農の跡取りであった。藍の商売もしながら、剣術の心得もあり、学問も深く、いわば若手のリーダーだった。栄一にとっては、その父と藍香が、郷里におけるかけがえのない師だった。

藍香の塾では、毎朝二時間ほどの日課であったが、『小学《しようがく》』、『蒙求《もうぎゆう》』、『四書《ししよ》』、『五経《ごきよう》』、『左伝《さでん》』、『史記《しき》』、『十八史略』などから『国史略《こくしりやく》』、『日本外史《にほんがいし》』、『日本政記《せいき》』などを学んだ。栄一は驚くべき読書力を示し、十一、十二歳ころには、師の教えるものの他に、『通俗《つうぞく》三国志《さんごくし》』、『里見八犬伝《さとみはつけんでん》』、『俊寛僧都島物語《しゆんかんそうずしまものがたり》』なども好んで読んだ。

藍香はそれを見て、「読書は読みやすいものから入るのが一番よい。どうせ四書・五経のような難しいものを読んでも、本当に自分のものとして活用するには、相当の年配になり、世間の物事が理解できるようにならなければ駄目だから、いまのうちは面白いと思うものから読めばよい。ただ、漫然と読まずに、心をとめて読むようにすれば、知らず知らずのうちに読書力がついて、『日本外史』のようなものも読めるようになり、『史記』その他の漢籍も、おいおい面白くなるから、せいぜい多く読むのがよい」と諭した。

そんなことで栄一の読書好きは嵩《こう》じ、親戚知己宅の蔵書も片っ端から読んだ。その他、剣術も十二歳のときから神道無念流《しんとうむねんりゅう》を学び、上達も速《すみ》やかだったという。ただ、あまりに学問好きとなり、朝から晩まで本を読んでいるようなありさまだったので、一時は父親が心配した。それでは農家の跡取りとしてはよろしくないと大いに意見したことがあった。栄一は素直にその忠告を受け入れ、それからは農夫として種を蒔《ま》き、草取りもし、藍葉《あいば》も育て、下肥担《かつ》ぎもやった。そして商売の仕方も父について学んでいく。

そのお陰で栄一は十四歳のときに、父がいない留守に祖父のお供をして藍の商売に出かけ、そこで果敢にも独力で買い付けをやるまでになった。年少にもかかわらず見事にやってのけたので周囲の大人たちをすっかり驚かせたという。それから自信を得て、だんだん商売にも熱が入り、交渉にも創意工夫を働かせるようになった。こうして、早くも一人前の商人に成長していき、その界隈《かいわい》では、実業も学問も撃剣もできる「麒麟児《きりんじ》」との評判がたった。

十七歳の栄一を痛憤させた事件

十七歳のとき、栄一は人生の中でも決定的ともいうべき強烈な体験をする。

というのは、父の代理で代官所にまかり出たとき、ご用金の上納を巡り、代官と言い争いを起こしたことである。それは徳川幕藩体制、武士社会の矛盾を強烈に意識した初めてであり、栄一の人生航路に大きな転機をもたらすことになる。それについては、栄一自身が『雨夜譚』でこんなふうに語っている。

「この血洗島村の領土は、安部《あべ》摂津守《せっつのかみ》という小さな諸侯で、村方から一里ばかり隔たったところに岡部《おかべ》という陣屋があったが、その領主からご用金御用達ということを命ぜられておりました。固《もと》より小大名のことだから、大した金を借りることはないが、ただ、一時、お姫様がお嫁入りだとか、若殿様がお乗り出しだとか、または先祖のご法会だとかいうことがあると、武州《ぶしゅう》の領分では二千両、参州《さんしゅう》の領分では五百両という振り合いにご用金を命ぜられるので、血洗島村で宗助《そうすけ》（本家筋の豪農で名主）が千両、市郎右衛門が五百両、何某が幾《いく》ばくという割合に、銘々に言いつけられることがあった」

岡部というのは二万石ほどの小大名だったが、その代官というのが居丈高に構えて、渋沢家にも五百両を出せという。その言い方がまた、いかにも高飛車で横柄なのだ。栄一は代理で来ているので、「ご用の趣を聞いてこいと父からいわれているので、一応父に申しつけて、さらにお受けできるかどうかをお伝えに罷《まか》り出ます」と応じる。

と、代官は、軽蔑するふうにおもしろ半分に、

「貴様は何歳になるか、十七歳にもなっているのなら、もう女郎でも買うであろう、シテ見れば、三百両や五百両は何でもないこと、殊《こと》にご用を達せば、追々身柄もよくなり、世間に対しても名目になることだ。父に申しつけるなどと、そんなわからぬことはない。いったん帰って来るというような緩慢なことは承知せぬ。万一、父が不承知だというなら、何とでもこちらから言い訳をするから、直ちに承知したと挨拶をしろ」

栄一は頑として承知せず、振り切って帰ってきたが、その途中とくと考えてみて、こんな理不尽なことがあるものか、こんな政治がまかり通っていいはずがないと、痛憤したという。

そもそも領主は年貢というものをとっておきながら、返済もせぬ金員を御用金とかなんとかと名目をつけて取り立てて、その上、人を軽蔑嘲弄して、貸したものでも取り返すように命令するとは、どこから出た道理だろうか。自分もこの先、百姓をしていると、こんなふうに虫けら同様に扱われ、知恵分別もないもの（ここでは代官だが武士一般のこと）に軽蔑されねばならない、さてさて残念千万なことである。なんでも百姓はやめたい、あまりといえばあまりのことだと考えた。

高崎《たかさき》城乗っ取り計画の顚末《てんまつ》

そのころは、地方でも血気さかんな青年たちが集まって議論もし、中央からもいろいろな論客が来て話をするという時代だった。そうした席では、きまって「幕府は攘夷に弱腰だ、威張ってばかりいて政事をしていない」という話になる。

ペリーの黒船襲来以来、政治は武士のものだけでなく、有力な百姓町人の間でも議論の対象となった。すると、幕府の政治に愛想がつきてきた、がんじがらめの身分制度にハラが立つ、武士の理不尽な態度に我慢ができぬ、などといった空気が田舎まで流れてくる。

そんな中、藍香の弟で、栄一より二歳上の長七郎《ちょうしちろう》が、これは偉丈夫で腕力もあり、剣術も強く、江戸で修行している人物だが、ときたま仲間を連れて帰省しては、時世を論じて悲憤慷慨し、志士仲間の最新情報を流した。水戸では藤田小四郎《ふじたこしろう》が筑波山に決起する気配ありといい、輪王寺宮公現《りんのうじのみやこうげん》親王を担いで日光山で決起する動きもありといい、長七郎もそれに関わっているという。また老中の安藤信正《あんどうのぶまさ》を襲撃する計画が、長州にも、水戸にもあるという。

こうした不穏な空気の中で、栄一もだんだんとじっとしていられなくなってきた。二十二歳のときには、このまま百姓なんかしていられないと「覚悟」をするぐらいまでに、政治活動への意欲が鬱勃《うつぼつ》として湧いてきた。

となれば、栄一も江戸に出て、そうした空気に直《じか》に触れたいと思った。そこで、反対する父をなんとか口説き、農閑期の期間だけという条件で、ようやく江戸に出ることを許される。そして江戸に出ると海保漁村《かいほぎょそん》という人の塾に入った。そのときの心境を、栄一は「天下の有志に交際して、才能、芸術（技術・技芸のこと）のあるものを己の味方に引きいれようという考えで、はやくいえば由井正雪《ゆいしょうせつ》が謀反を起こすときによく似ていた」とあるから、相当過激な考えに染まっていたといっていい。

当時は農家でも、裕福な家では剣道も習うのが普通で、栄一も藍香、長七郎たちと同じく剣術も相応の腕前に達していた。そこで、有名なお玉が池の千葉《ちば》道場にも出入りして剣客との交流も始めた。

「読書、撃剣など修行する人には、自然と好い人物があるものだから、その中から抜群の人を選んで己の友達にして、何か事ある時に力になってもらうというコンタンで、今日から用意しておかなければならぬ」

と思ったと述懐している。

そうこうしているうちにいよいよ攘夷熱が嵩《こう》じて、隣の村でも桃井可堂《もものいかどう》らの一派が決起し、沼田《ぬまた》城を占拠する計画があるという。これは長州の藩士ともつながっていて長州が蜂起したときに連動して事を起こそうというのだ。

このころの志士の頭には、「建武《けんむ》の中興」における楠木正成《くすのきまさしげ》と新田義貞《にったよしさだ》の働きがあった。藍香と栄一もそれらに刺激されたのか、単独での武装蜂起を思いつく。尊皇攘夷の水戸学の影響を強く受けたのであろう、同志を募って高崎《たかさき》城を乗っ取り、その勢いで横浜の異人館に焼き討ちをかけようという企《たくら》みである。その呼びかけに応じて同志が六九人も集まり、武器も栄一が商売の金一五〇両を流用し、密かに準備するところまでいった。

そのとき、藍香が書いた趣意書にこうある。それは福沢諭吉が「門閥制度は親の仇《かたき》でござる」とした心情によく似て、身分が農民であるだけに、不公平な制度と不公明な政治への不満は激烈であり、それに代わる制度・政治への渇望が強く表明されている。

「公平の制度を立て、公明の政治を布《し》きて、民と共にこの国を守らむには、郡県の国体ならざるべからず。彼の官を代《よよ》にし、禄を世《よよ》にし、いわゆる門閥なるもののみを尊んで、人の才と徳とを問わず。国家の枢軸たる大官にして、治国の要を知らざる者あり。牧民の責ある地方吏にして、民家の痛苦を問わざる者あり。いわゆる鎗奉行は鎗術《やり》を知らず。勘定奉行は算盤《そろばん》を知らず。旗奉行、旗の揮《ふ》り方に暗ければ、町奉行また市政の方針を弁《わきま》えず。かかる情態《さま》にてこの天下を料理し国威を維持せんと欲するは、かの木に縁《よ》りて魚を索《もと》むると一般にして、なお轅《ながえ》を北にして越《えつ》に適《ゆ》かんとするが如きのみ。かくのごときはそもそも何故《なにゆえ》ぞ。予輩を以てこれを見れば、曰く、封建の弊なり、世官の害なり。故に今日の病は、その根本の制度に在て存するなり」

なかなかの大議論である。西洋文明に対抗して独立を保持するには、封建制を廃して郡県制に変え、門閥による階級制度を毀《こわ》して、すべて実力本位で仕事をしていかなくてはいけないと説いている。

栄一もその説に共鳴し、さらに攘夷や外国との交際についてこう主張している。

「たとえ和親をするにしても一度は戦って相対の力を比較した上でなければ和親というものではない。なに彼に堅艦巨砲があっても、吾には大和魂をもって鍛錬した日本刀の鋭利があるから、手当たり次第に斬《き》って斬って斬りまくろう」

ずいぶん乱暴な書生論だが、そこまで過激な思想に染まり、大まじめで実行を考えていたのだ。もはや徳川の幕府では攘夷はできぬ、徳川の政府は滅亡するに違いない、世官世職の積弊がすでに「満政府を腐敗させて、つまる処、知愚賢不肖各々その地位を顚倒《てんどう》してしまった。故にこの際、天下の耳目《じもく》を驚かすような大騒動を起こして、幕政の腐敗を洗濯した上でなければ、到底国力を挽回することはできない」。

これを見ると、栄一はすでに「日本を洗濯しよう」という革命の志士である。

「われわれは農民といいながらいやしくも日本の国民である以上、我の本分の務めではないからといって傍観していられない」

まさに青年血気の考えであり、武力蜂起して要路の政治家の目をさまそう、そのため一命を落としても悔いなしという考えである。

それでいよいよ決行ということになり、京都にいる長七郎を呼び戻して合流させようとしたところ、帰ってきた長七郎が意外にも「それはならぬ」と猛烈に反対した。京都周辺で起きた同様の事件の悲惨な顚末《てんまつ》から、それでは百姓一揆くらいにしかならず、犬死にするだけだと懸命に反対した。それは十津川《とつがわ》の変（天誅組《てんちゅうぐみ》の変）や、生野《いくの》の変のことであったが、若い栄一はあくまでも強硬論を吐き、最後は両人激高して、差し違えるくらいのところまでいった。そこでようやく藍香が中に入り、時期尚早ということでとりやめになる。暴発寸前、もし決行していたら確実に命を失っていたであろう。実に危ないところだった。

ところが、この企みは武器まで準備してのことであり、いずれ露見して捕らえられるであろうとの懸念があった。そこで、栄一は一時身を隠すことになる。どこへかといえば、やはり京都である。京ならそうした志士がごまんといて、紛れ込むに都合よく、また同類の志士連と交わることで、何か新しい活路を見つけることもできるだろうとの期待もあった。今や政治の中心は京都であり、革命の舞台も京であった。

それに同調したのが従兄の渋沢喜作で、栄一の刎頸《ふんけい》の友であった。この二人は世直しのために一身を挺する切羽《せつぱ》詰まった気持ちであったであろう。京では百姓出身の近藤勇《こんどういさみ》や土方歳三《ひじかたとしぞう》も活躍している。そうしたニュースはもう伝わっている。まるで革命や反乱の志士が、事敗れて亡命するような気分だったに違いない。こうして栄一は喜作とともに京都に行くことになる。

いっぱしの志士気分で京都へ

このとき、以前に江戸に出たときに出逢った人物との縁が生きてくる。それは一橋家の用人、平岡円四郎《ひらおかえんしろう》である。慶喜の懐刀ともいわれた切れ者だった。平岡は元幕臣だったが、川路聖謨《かわじとしあきら》とも親交があり、開国論者として知られていた。「幕府に一橋家の慶喜あり、一橋家に平岡円四郎あり」といわれたほどの達識慧眼の士だった。

栄一と喜作がどういうことで、この人と知り合いになったのか、おそらく剣客仲間の紹介によるものであろう。『雨夜譚』によれば、平岡のことを「幕吏の中では随分気象のある人で、書生談などが至って好きであったから、自分と喜作とはそれ以前から度々訪問して余程懇意になっていた」といっている。そこで、

「ある夜、平岡がいうには、足下《そっか》らは農民の家に生まれたということであるが、段々説を聞いて話し合ってみると至って面白い心がけで、実に国のために力を尽くすという精神がみえるが、残念なことに身分が農民では仕方がない。幸いに一橋家には仕官の途もあろうと思うし、また拙者も心配してやろうから、直ちに仕官してはどうだという誘いがあった」

平岡が二人に見どころを感じて誘いをかけたわけで、それなりの理由があったのであろう。いずれにしろ、そのころの武士への途はかなり柔軟になっていて、出自に関係なく人材とあればスカウトして武士にしてしまうことがあったようだ。

栄一らはそれを思いだし、方便として平岡の家来にしてもらおうと思いつく。そうでないと怪しまれて関所も通れない恐れがある。ところが当時、平岡は慶喜に随って京に出張していたので、留守宅に行って奥方にその旨を申し出た。すると奥方がいうに「殿様はご承知であるから、よろしかろう」と直ぐに家来にしてもらったという。ずいぶん事がスムーズに進む感じだが、平岡はそうなることを予想して奥方に言い置いて出たらしい。こうして二人は

一橋家の家来というお墨付きをもらい、道中何事もなく京都にたどりついた。

しかし、二人には本心から家来になる気はなかった。これを機会に大いに天下の志士と交わって、なんぞいいチャンスにめぐり会えようかという読みなのだ。そこで一橋家の近くに宿をとって、志士気分であちこちへ出かける。事実、このころ栄一は、西郷隆盛《さいごうたかもり》にも会っている。しかし、世間はそのように甘くはなかった。風来坊のようなにわか侍では、いくら連中と交わり悲憤慷慨しても、それだけのことで、実事に結びつかない。それに出立のとき一〇〇両ばかり父が持たしてくれたのだが、その持ち金もだんだんなくなって、心細くなってきた。

ここはひとつ気分転換と思ったのか、二人で伊勢神宮の参詣に出かける。もともと郷里を出るとき伊勢参りを口実にしていたこともあり、勤王とあればこの際伊勢神宮へ参ることで運気が開けると思ったのかもしれない。このあたり、まだ呑気《のんき》なもので、そのため借金までして出かけていく。

伊勢参りを終えて京に帰ると、江戸の長七郎から手紙が来ていた。一読して愕然とする。捕らえられて入牢しているという。なぜといえば、長七郎が精神に異常を来《きた》して、罪もない通行人を殺してしまったからだという。しかも、そのとき、栄一が出した過激な内容の手紙を身につけていて、幕吏の手にわたってしまったという。となれば、事と次第では、栄一も危険分子ということで捕縛されるかもしれない、そういう怖れがあるぞという警告の手紙だ。

これはこたえた。そのころまでの栄一の言動を見ていると、豪農のお坊ちゃんが志士気取りでいい気になっていたという感じである。それがとんだ破綻を来し、金はなくなる、捕縛の危険はあるしで、いよいよ進退が窮まった。「このときばかりはどうしていいかわからなかった」と栄一自身述懐している。

一橋《ひとつばし》家仕官の条件に、慶喜《よしのぶ》との面会を要求

すると翌朝になって平岡から手紙が来た。

「ちょっと相談したいことがあるから直ぐ来てくれ」とある。

いよいよ来たか、幕府からの手がまわったか、下手をするとそのまま入牢ということになるかもしれない。「行くべきか、どうか」と迷った。が、覚悟を決めて出かけていった。すると、平岡はいつもと同じ穏やかな様子で「足下《そっか》らのことについて幕府から一橋へ掛け合いがきた。必ず悪くはしないから、包まず話してみろ」という。

そこで栄一と喜作の両人も、この人ならばと平岡を信じてありのままを話すと、「それだけか?」という。「誰か殺したり、何か盗んだりということはないか?」と問い糾《ただ》された。「それは誓ってありません」というと、「そうか」といって、あっさり話は終わりになった。心配していた幕府批判の手紙については問題にもされなかった。

そして平岡は「これから足下らはどうする?」と聞く。「実は思案がつきております」と正直に白状すると、「なるほどそうであろう、察し入る」と言葉をついで、「ついては、この際、足下らは志を変じ節を屈して、一橋の家来になってはどうか。足下もかねて聞いているだろうが、一橋の君公(慶喜公のこと)というのは、いわゆる有為の君であるから、たとえ幕府が悪いといっても一橋は自ずから少し差別もあることだから、この前途有為の君公に仕えるのなら、草履取りをしてもいささか志を慰める処《ところ》があろうじゃないか。節を屈して仕える気があるなら、拙者あくまで尽力周旋しよう」という。

両人は、これはありがたいお言葉だと思った。が、しかし、そうやすやすと返事のできる話ではない。

「ご親切なお諭し、実に感パイの至りであります。お見かけ通りスッカンピンの一書生でありますが、ただいま軽率にご返答もしかねますので、なお篤《とく》と相談の上、ご返事いたします」

　といって宿へ帰った。

　二人にも意地がある、誇りがある。攘夷だ、倒幕だと騒いでいたものが、いきなり節を変じて、その幕府の身内ともいうべき御三卿の臣下になるのはどうみても筋が通らない。敵方に雇われるようなものだから、どうにも格好がつかない。威勢よく出奔してきた郷里の連中にも顔向けができない。しかし、懐は寒く、他に代案とて思いつかぬ。二人でさんざん悩んだ挙げ句、「ヒト理屈つけて仕えることにしよう」と決するのだ。

　その「ヒト理屈」というのがふるっている。二人は若輩ながら「天下の志士」を任じているからそれなりの覚悟があると、平岡のところへ出かけていってもの申した。

「私ども両人においてもいささか愚説もありますから、それを建言致した上でお召《め》し抱《かか》えということにしていただきたい」

「それは面白い。なんなりと見込み書を出すがよい」

　そこで、栄一はさらに厚かましくも注文をつけた。見込み書を出すについては、直接慶喜公にあって一言申し上げたいという。このあたりの事情は、山本七平氏の『渋沢栄一　近代の創造』にいきいきと活写されているので、そこから一部引用させていただく。

これには平岡もびっくりで、ほとほと困った。

「否、それは例がないから六《むつ》かしい」

「例の有無を仰しゃるなら農民を直に御召抱《おめしかか》えになる例もありますまい」

「否、そんなに理窟をいったとて左様は往かぬ」

「それが往かぬと仰しゃる日には私共はこのままにて死ぬとも生きるともこの御奉公は御免を蒙《こうむ》るより外に仕方がありませぬ」


よくぞここまでいったと思うが、おそらく二人には必死の覚悟があったのだろう。そこまで切羽詰まっていたともいえる。まさに「武士の一分」というか、にわか侍でありながら、武士よりも武士らしい魂魄を持っていたというほかはない。

「ドウも困った強情をいったものだ、先ず兎も角も評議をして見よう」

平岡もよくいったもので、よほど二人を見込んだからであろう、だだっ子のような願いを評議してやろうという。実に寛容で懐《ふところ》が深い。両人の覚悟のほどもすごいが、平岡の度量も大したものである。上下関係ががんじがらめという江戸の武家社会なのに、一体どうなっていたのか、実に不思議な思いのする問答である。

結果、お目見えが叶《かな》うことになった。山本氏は慶喜のこの対応は一種の「名君気取り」ではないかと解釈している。その意味するところは、家康が愛読したという『貞観政要《じようがんせいよう》』の影響もあるという。つまり、下々《しもじも》の声を聞くのが名君の条件だ、という説に引かされてのことではないかというのだ。

さて、お目見えになって慶喜公の面前に出ると、栄一はおめず臆《おく》せず、次のようにいった。相手はただの殿様ではない。名だたる天下の三卿の一家、それも聡明とうたわれた、現に将軍の後見職、最高の政治顧問の任にある人物である。こちらはといえば、二十五歳、農民の出の、にわか侍である。その一途さ、気迫、胆識には、驚くべきものがある。

「今日は幕府の命脈も既に滅絶したと申し上げてよい有様であります。故に今なまじいに幕府の潰れるのを御弥縫《ごびほう》なされようと思召《おぼしめ》すならば、一橋の御家も亦諸共《もろとも》に潰れますから、真にご宗家を存せんと思召すならば、遠く離れて助けるより外に計策はないと考えます。それゆえ君公には天下の志士を徐々に幕下に御集め遊ばすことに御注意が願わしう存じます。凡そ政府の紀綱が弛《ゆる》んで普《あまね》く号令も行われぬというような天下多事の時に方《あた》っては、天下を治めようとする人もあり、又天下を乱そうとする人もありましょうが、その天下を乱す人こそは即ち天下を治める人でありますから、能々《よくよく》天下を乱す程の力量のある人物を悉《ことごと》く、御館《おやかた》に集めたならば、他に乱すものがなくなって治めるものが出ます。所謂《いわゆる》英雄が天下を掌《たなごころ》に回《めぐ》らすというはここであろうと考えます。これらの辺に御深慮がなくばこの要職に御任じ遊ばす甲斐もないことと存じます」

実に大胆不敵、ご機嫌に触れれば「無礼者！」の一言で、手討ちになってもおかしくない内容である。実際にはもっと言葉を選んで鄭重《ていちょう》にいったかもしれぬが、本人が書いているのだから間違いはなかろう。ところが、慶喜公は、ふんふんと聞いておられて、一言の御意もなかったという。あるいは単なる書生論と聞き流したのかもしれない、聡明な慶喜のことである、そのくらいの議論はとうに承知していたであろうから、中身には驚きはしなかったであろうが、一介の農民出の浪人が、将軍後見職の前でここまでいうかと、その時勢と世情を深く受け止めたかもしれない。

衣冠束帯姿の徳川慶喜（1868年撮影）

それにしても慶喜公、よくぞ最後までお聞きになったと思う。渋沢もよくぞここまで言いたいことをいったと思う。おそらくこの一言に命を懸けたのであろう。それを察したからこそ、公も黙って聞き終え、そしてずしりと深くハラに収めたのかもしれない。

結果、二人は仕官することになった。平岡は栄一では通りが悪いと思ったのか、篤太夫《とくだゆう》という名前をくれた。篤実な太夫と見込んだのだろうか。諸事、思いがけない成り行きである。むろん、最下級の位で「奥口番」、月給も四両一分という。いうならばこれが渋沢としての仕官の始まり、サラリーマン生活の第一歩であった。

しかし、二人には二五両にのぼる借金があったから、その返済をしなければならない。しかし渋沢は、この時も決して親に助けを求めることをしなかった。節約に節約を重ね、最低の生活で凌《しの》いだ。喜作と一枚の布団に寝て、二人で自炊しながら、ときにはネズミを食べてまでして、返済のための金をつくった。

兵の徴募に見せた瞠目の手腕

ところが、この下積み時代の経験がよかったのだ。こうした逆境の中で人は鍛えられるのだ。渋沢は一橋家のために懸命に働き、またたく間に平岡の信頼を得ていく。その初仕事は、探偵もどきの人物調査だった。

そのころ海防論が盛んで、とくに大阪の海防をどうするかが緊急の課題だった。慶喜は適当な学者を探しており、そこへ薩摩藩士で折田要蔵《おりたようぞう》という人物の名が候補にあがった。当時、築城学者、海防学者としてなかなかの羽振りで、幕府の御用も務めていたので、その折田に目をつけたのだ。しかし、時として大言壮語する傾向があり、その実力のほどには疑問があった。平岡がそれを確かめるべく、渋沢に特命調査を命じた。

渋沢は「わかりました」と引き受けると、早速折田のところへ出かけ、弟子入りを申し込み、まんまと懐に入り込んだ。そして身辺近く勤めて日夜探る内に、それが上辺だけの好ましくない人物と見抜いて詳細な報告をした。その仕事ぶりが認められたのが最初で、次には兵事の仕事を引き受けることになる。

というのは、慶喜公はそのころ御所を守る禁裏守衛総督に任ぜられ、さらに兵庫《ひょうご》の開港に際し摂海《せっかい》防衛指揮の役目も拝命した。となると、物騒な事件も多いので、手兵を持つことが必要になった。ところが一橋家というのは家格は高いが、自前の兵というものを持っていない。独立した親藩とはちがって、たかだか一〇〇名ばかりの二本差し弓矢の兵がいるだけだ。京の守護職になっても、配下にいるのは会津と薩摩の藩兵だけで、自藩の兵はいないも同然である。

「それではお役が務まりませぬ。ここはどうしても自藩から兵を募ることにしてはどうか」と渋沢が建言した。

「そう申すならば、やってみよ」というので、渋沢は早速その仕事にとりかかった。つまり農民から義勇兵を募るということである。一橋家は一〇万石相当で、関東に二万石と関西の備中《びちゅう》、播磨《はりま》、摂津《せっつ》、和泉《いずみ》に計八万石の領地があった。

まず備中に出張してその領内で募集をかけた。庄屋を集めて募兵の趣旨を諄々と説いたが、相手は黙って聞いているだけで全然反応がない。百姓の二、三男にとってはよい就職口だと思うのだが空振りである。渋沢はハタと思う、これには何かウラがあると。

そこで、一計を案じ、庄屋を避けて直接若者に接している私塾の儒者や剣道場の師範を訪ねた。それを機に儒者の阪谷朗廬《さかたにろうろ》を旅館に招いて酒を飲みながら大いに議論を戦わせる。また剣術師範の関根《せきね》某の道場では、手合いを申し込んで師範を見事に打ち破ってしまった。

狭い土地のことであるから、それがたちまち評判になって「こんどきた役人は通常の俗吏ではない。学問といい、剣術といい、なかなかあっぱれの手際である」と噂が広がる。すると、そろそろと青年たちが寄り集まってきて、その中から応募者が出てきた。

そこで渋沢はまた庄屋を一堂に集めて問い糾《ただ》す。すると代官の筋から渋沢のいうことなど聞くなとの通達があったことがわかった。そこで渋沢は居直り、慶喜公直々の上意が聞けぬかと恫喝もどきのことを言い放ち、すっかり庄屋たちを縮みあがらせた。こうして備中で二百数十人の募兵に成功し、それをきっかけに播州他でも兵を集め、関東の領地にも赴き、短期間に六〇〇名ばかりの兵を集めてしまった。その際、ちゃっかりと高崎城の乗っ取りグループの残党もスカウトしているところが、また渋沢らしい才覚である。

この働きぶりには一橋家のサムライたちも目を見張った。直接の上司はむろんのこと、平岡の周辺もみな、渋沢に一目を置くようになった。

実はその間には大きな事件があった。というのは、元治元年（一八六四）七月、平岡円四郎が暗殺されてしまったのである。平岡は当時、家老職に昇進していたが、出来物だけに敵も多く、渋沢らが関東に兵の募集に行っているときに水戸藩攘夷派の一派に襲撃されてしまう。渋沢らにとってはこの上ない打撃であった。せっかく知遇を得て格別に引き立ててもらった後ろ盾なのに、それを失ってどうなることかと落胆し大いに心配した。二階へあがって梯子をはずされたようなものである。

だが、その後任になった黒川嘉兵衛《くろかわかへえ》が平岡の意を体した人物で、平岡同様に厚く遇してくれたので、その不安も消えた。

一挙に勘定組頭《かんじようくみがしら》に昇進

さて、兵を集めたはいいが、今度は金が要る。兵糧も必要なら武器も必要だ。が、その金が一橋家にはない。それではと、渋沢はまた建言をした。というのは、領地に行って募集作業をしているうちに、経済のこともちゃんと視野に入っており、そのつもりでもいたので、すでに渋沢の頭には具体策があったのだ。

まず第一は、これまで米を一律に蔵方《くらかた》に売っていたのを、播州《ばんしゆう》はとくに良質の米がとれるので、それを直接灘《なだ》や西宮《にしのみや》あたりの酒造家に高く売ることにした。これは図に当たり、かなりの差益を得た。

第二に各領地にはそれなりの特産品があるので、それを増産して市場で売る。その一つは播州の白木綿《しろもめん》で、これは上物だからうまく売れば利益が出る、その売り方に一工夫した。二つには、備中では古い家の下から硝石がたくさんとれる。これをうまくすれば火薬の原料として高価に売れる。

そうしたことを建言すると黒川はじめ用人たちは大賛成で、「やってみよ」ということになる。こうして藩の財政改革に大いに貢献して、渋沢の位も、一挙に勘定組頭にまで昇進してしまった。つまり、兵事と財務という、当時一橋家にとって一番大事な仕事でたちまち実績を作ってしまったのである。

渋沢の評判は「世事に通じていて、人事、計理にも詳しく、胆力もあり、剣もつかう」ということである。

これらのことは当然、慶喜公の耳に入っていた。「これは使える、頼りになる」という認識がすでに育っていたということだろう。

ミイラ取りがミイラに

そうこうしているうちに、十四代将軍の家茂《いえもち》が急逝し、慶喜公が十五代将軍になってしまった。それは、目の敵にしていた幕府そのものに慶喜公がなってしまったことを意味する。これにはほとほと参った。

「もう幕府の時代ではない、幕府は倒すべきだ」としきりにいっていたのが、その幕府そのものの家臣になってしまったのだ。これでは、父にも藍香にも長七郎にも家族にも、合わせる顔がない。おめおめと幕府の直参、旗本にはなれない。それはミイラ取りがミイラになるようなものだ。

そうとなれば田舎に帰って百姓でもするしかないかとまで考えた。進退窮まったそのときに、突然予想外の方面から道が開けた。それが、なんと昭武公に随行しての、欧州への旅なのであった。

三章　マルセイユまで、四八日間の船の旅

初めて味わうフランス船の食事

さて、こうして一行は、慶応三年（一八六七）一月十一日、いよいよ横浜からフランスの郵船「アルフェ号」に乗り込んだ。旅日記ともいうべき『航西日記《こうせい》』にはこうある（この記録は渋沢と杉浦愛蔵の共著であるが、渋沢が書いたと思われる部分を紹介する）。

「送別の友人など本船まで来《きた》りしも多く、ねんごろにしばらくの別れを告げ、かつこの港に来住せる諸州の人々の帰省するもありて、次第に乗り組み、同九時に発せり。これ一万里外、壮遊の首途《はじめ》なり。折しも天《そら》晴れ、風和《やわ》らぎ、海上穏静《おんせい》にて、伊豆七島も淡靄《たんあい》中に看過《みすぐ》し、遠江《とおとうみ》、伊勢《いせ》、志摩《しま》など見えて、夜にはいりぬ」

この船の船長はクレーという人物で篤実そのもの、諸事心づかいが行き届き、一行を感心させた。フランスの船に乗ることは、つまりフランスの生活を体験するに等しい。まずそれは食事にあらわれた。「日記」には二字下げで、その印象が次のように書かれている。

「郵船中にて、諸賄《まかないがた》方の取扱い極めて鄭重なり。およそ毎朝七時頃、乗り組みの旅客、盥《かん》漱《そう》（洗面）の済《すみ》しころ、タープル（テーブル）にて茶を呑《の》ましむ。茶中必ず雪糖《さとう》を和しパン菓子を出す。また豚の塩漬け（ハム）などを出す。ブール（バター）という牛の乳の凝《こ》りたるを、パンへぬりて食せしむ。（略）同十時頃にいたり、朝餐《ちょうさん》を食せしむ。器械すべて陶《やきもの》皿《ざら》へ銀匙《ひ》、並びに銀鉾《ほこ》、包丁などを添え、菓子、蜜柑《みかん》、葡萄、梨子、枇杷《びわ》、その他数種、盤上に羅列し、随意に裁制《さいせい》し、食せしめ、また葡萄酒へ氷を和して飲ましめ、魚鳥、豚、牛、牝羊などの肉を烹熟《ほうじゅく》し、或いは炙熟《しゃじゅく》し、パンは一食に二三片、適宜に任《まか》す。食後、カッフェーという豆を煎じたる湯を出す。砂糖、牛乳を和して之を飲む。頗《すこぶ》る胸中を爽《すこ》やかにす」

フランス船ならではの食事で、フォークを「銀鉾」、ナイフを「包丁」などと書いているところが微笑《ほほえ》ましい。初めて口にしたであろうカッフェも、すんなり喉におさまったようで、攘夷など、どこへやらである。さて、昼食はどうかというと、

「午後一時頃、また茶を呑ましめ、菓類、塩肉《しおにく》、漬物を出す。大抵、朝と同様にて、またブィヨンという獣肉、鶏肉などの煮汁を飲ましむ。パンはなし。熱帯の地に至れば、氷を水に和して飲ましむ」

とある。スープは出るがパンは出ない。これは食事のうちに入らないようだ。

「夕五時、あるいは六時ころ、夕餐を出す。朝餐に比すれば頗《すこぶ》る鄭重なり。およそ肉汁よりして魚肉の炙烹《しゃほう》せし、各種の料理と山海の菓物、及びカステーラの類《たぐい》、あるいは糖《さとう》もて製せし氷漿《ひょうしょう》グラスヌクリームを食せしむ」

夕食は正餐で、さすがに、かなり豪華である。

「夜八、九時ころ、また茶を点し出す。朝より夜までに、食は二度、茶は三度を常とし、その食する極めて寛裕を旨とし、もっとも烟草《たばこ》など吸うを禁ず。総《すべ》て食事及び茶には、鐘を鳴らしてその期《き》を報ず。鳴鐘《めいしょう》およそ二度、初度は旅客を頓整《とんせい》し、再度は食盤に就《つ》かしむるを常とす」

総じて「微密《びみつ》、丁寧、人生を養う厚き、感ずるに堪《た》えたり」である。数年前まで異人館を焼き打ちしようとしていた青年も、「人生を養う厚き食卓」には、すっかり降参の態《てい》である。

二日目、三日目はかなり揺れて船酔いで難儀した人もいたようだが、一月十五日には、茫洋たる揚子江を遡《さかのぼ》って上海《シャンハイ》にいたる。

さて、船中の過ごし方だが、『雨夜譚』には、おおよそ次のように書いてある。

「さて、いよいよ外国へゆくと決した以上は、これまで攘夷論を主張して、外国はすべて夷狄禽獣であると軽蔑していたが、この時には早く外国の言葉を覚え、外国書物が読めるようにならなくちゃいけないと思った。その上、自分も京都で歩兵組立の事を思い立ちて、その事に関係してからは、兵制とか医学とか、または船舶、器械とかいうことは、とうてい外国には叶《かな》わぬという考えが起こって、何でも彼方《あちら》の好いところを取りたいと念慮が生じて居ったから、船中から専心に仏語の稽古をはじめて、彼の文法書などの教授を受けたけれども、元来船には弱し、かつ船中では規則立った稽古も出来ぬから、自然と怠って、詩作などして日を送ることとなりました」

一行中には、詩人としても上手といわれた大使の向山をはじめ、田辺、杉浦など相応に文学的素養のある人が乗り組んでいるから、船中でもそうした人々と日々「闘詩」などして無聊をなぐさめたらしい。そういう高位の人たちの輪にもすんなり入っていける、また入ってしまうところが渋沢らしいところである。

渋沢が目にした一八六七年の上海《シャンハイ》

さて船はいよいよ揚子江支流に入っていく。『御用日記』（渋沢の公式日記）にこうある。

「第十一時、呉淞江という支流に遡りて投錨し、直《ただち》に小舟にて上海港御上陸、アストルハウス（アスターハウス）という西洋旅館へ御旅館ましましましぬ」

そこへ当地駐在のフランス領事や英国領事が挨拶にやってくる。その際、公子の名刺を頂戴したいというので、「日本大君親弟従四位下左近衛権少将徳川民部大輔源昭武」と書いてわたした。いかにも大時代的だが、参勤交代のときなどを想起し、本陣に仰々しく名札を掲その後、上海の役所より二人が挨拶に来たが、「両人とも卑官なれば」、向山、山高が接見しその旨を伝えると、相手は「長官が来られず失礼しました」と陳謝し、恐縮して引きさがった。

翌日は答礼ということで、公子自ら向山以下を引きつれて英仏領事館へ挨拶に行った。フランス側ではいろいろご馳走をしてくれ「船中のお慰みにと支那茶を二函献す」とある。はやくも外交儀礼の交換が始まっていることになる。

さて、『航西日記』によると、上海に着くや、渋沢らは、まず上陸して河岸を遊歩する。

「江岸は外国人の館舎《かんしやつら》連なり、官邸にはその国々の旗を高く掲げ、各自便地を占めたり。その間に税舘《ぜいかん》（運上所）あり。江海北闕《こうかいほつけつ》という扁額《へんがく》〔メジルシ〕を掛け、門は江に面し、（略）鉄《てつ》軌《き》を敷き、荷物陸揚げの便利とす。税務は近年西洋人を雇いて掌轄《しょうかつ》せしめしより、氾濫の遺利《いり》なく、旧来の弊《ついえ》を改め、歳入の数も倍しし。およそ一歳五百万弗《ドル》（わが五百万両余にあたる）にいたれりという。物産の繁殖せる、東洋天然の宝庫にして、西洋人資《と》って外府に充《みつ》るなるべし」

さすが会計官である。税関の中身までよく観察し一年間の税収まで記述している。さらに街の様子については、初見のガス灯と電信施設にまず驚いている。

「江岸はすべて、ガス灯（地中に石炭を焚《た》き、樋を掛け、その火光を所々へ取るもの）を設け、電線（鉄線を張り施し、越列機篤児の気力を以て遠方に音信を伝うるものをいうなり）を施し、佳木《かぼく》を栽《う》え、道路平坦にて、やや欧風の一斑を視る」

それから一里ばかり歩いて、中国人の街である城内に行く。

「その辺《あたり》より辻売りの商人、道路に食物器《しょくもつうつわもの》、玩物《もてあそびもの》などをひさぐ。市街は往来の道幅隘《せま》く、各鄽《かくてん》、二階造りなれども、軒《のき》低く、門《かど》狭し。各種、招牌《かんばん》を掲げ、あるいは往来の上に横《おう》截《せつ》して掛けしもあり。牛、豚、鶏、鵞《あひる》、諸飲餐《もろもろいんさん》の店《たな》、見世先にて烹売《にうり》せる。故、各種の臭気混淆《こんこう》し、鼻を穿《うが》ち、路は石を敷き並べたれども、両頰の捨水《すてみず》汚湛《うたん》し、乾《かわ》く間《ま》なし。諸商人、駕かき、薦者《ものごい》、など声々に呼《よばわり》て群集《ぐんじゅ》の中を行通《ゆきかよ》うさま、厭《いと》うべきに似たり」

その雑踏混雑ぶり、種々の音声、臭気まで伝わってくるような文章である。

「古玩書肆《こがんしょし》、画家などに至り見れども、尋常の品のみにて、奇品《きひん》なし。墨肆《ぼくし》、曹素功《そうそこう》、並びに査二妙堂《さにみようどう》に行きて、筆墨など購《か》いしが、手拭《てぬぐ》いを湯に浸し与えぬ。これは顔をぬぐえとの事にて、茶に代《かえ》るもてなしなるべし。外諸店に至れども、烟草《たばこ》の火なく、求《もとむ》れば太き線香に点じて出せり」

栄一には文人趣味もあっただけに、書画骨董や筆墨に興味があったのだろうが、上物はなくて、おしぼりのようなものや、煙草の火を線香の火で出されて驚いている。

「居民《きょみん》の富める者多くは駕籠《かご》に乗り往来す。貧しきものは衣服垢敝《こうへい》して臭気なるもの半《なかば》に過ぎたり」

それから城隍廟《じょうこうびょう》に行っている。ここは「城中一の香火の所」といっており、

「廟前の泉池に臨み八橋を架《わた》し、池心《いけのなか》一介の堂あり。礼拝香花を供する体、本邦に異ならず。社内に覗き見せ物、突富《つきとみ》、売卜《ばいぼく》、錫笛《とうてき》、曲芸などありて、その最寄り料理割烹店などあり、いずれも軒低く、暖簾《のれん》を掲げ、各客を迎え、胡牀を借し、飲食をひさぐ。賓客ここに群《ぐん》飲《いん》、合餐《ごうさん》す」

この界隈はわが浅草の門前を彷彿とさせるが、その先へ行くと「青楼《せいろう》、演劇もありて、弦《げん》妓様《ぎよう》のものも見え、月琴《げっきん》などの音も聞こえ、雅致あり」と楽しげである。

そして次の光景に接して驚く。

「欧人の土人〔トコロノモノ〕を使役《しえき》する、牛馬を駆逐《くちく》〔カリタツル〕するに異ならず。督呵《とくが》〔シカル〕するに梶《むち》を以てす」

「市中を遊歩するに、土人蟻集《ぎしゅう》〔アリノヨウニツキ〕して往来を塞《ふさ》ぐ。各《おのおの》雑言《ざつげん》して喧《かまびす》しき

を、英仏の取締《とりしめ》の兵来りて追い払えば」、潮を引くようにいなくなるのだが、しばらくすると、たちまち集まってくる。

渋沢は、その並びなき文明の国ともいうべき大中国について、次のような感想を述べる。

「東洋名高き古国にて、幅員《ふくいん》の広き、人民の多き、土地の肥饒《ひぎょう》、産物の殷富《いんぷ》なる、欧、亜、諸州も固《もと》より及ばざる所といえり。然るに喬木《きょうぼく》の謂《いい》のみにて、世界開化の期に後れ、独りその国のみを第一とし、尊大自恣《じし》の風習あり。道光《どうこう》、爾来《じらい》〔コノカタ〕の瑕瑾《かきん》を啓《ひら》き、さらに開国の規模《きぼ》も立てず、ただ兵威の敵し難きと、異類の測られざるとを、恐るるのみにて、尚《なお》旧政に因循《いんじゅん》し、日《ひ》に日《ひ》に貧弱に陥るやと思わる。豈《あに》惜しまざらむや」

次の日は祝日だったが、英仏艦の提督の訪問などあって、交際に忙しく過ごす。しかし、夜には遊歩に出て、いささか詩情を催したのか、こう書いている。

「夜色蒼朗《そうろう》月清く海面鏡中の如く、眺望甚佳なり、月に乗じてなお散歩す」

香港は、まさに英国のミニチュア

翌日は出航、香港に向かう。

香港は英国の領地であり、上海のように欧州各国の雑居地でなく英国独占の島である。アヘン戦争の結果、割譲させた一漁村は、いまやすっかり英国の街になった。

「往昔《むかし》は荒僻《こうへき》の一漁島なりし由《よし》なるが、英国の版図《はんと》に付属せしより、山を開き海を塡《うず》め、磴道《とうどう》を造り、石渠《せききよ》を通じ、漸《ようや》く人烟稠《ちようみつ》密貿易繁盛《はんせい》の一富境とはなりしとぞ」

一行は香港島でホテル・ド・フランスに投宿する。しばらくすると香港総督府の副官が総督代理として挨拶にやってくる。それに対して向山が、昭武の代理として答礼に出かける。

その際、デュリーとシーボルトの間で意見が対立した。それは表敬訪問の順序のことで、シーボルトは公子の方が総督を訪問すべきだというのに対し、デュリーは総督の方がこちらに来るべきだというのだ。それは公子の呼び方にも関連して、マジェスティーかハイネスかで、後にも大いにもめることになる。

さて、香港を見て渋沢はこう書く。

「今、英人の商業を東洋に擅《ほしいまま》にし、利益を得る、（略）その便利の道を得て、流融暢《りゆうゆうちよう》通《つう》、運輸自在ならしめ、利柄を掌握し、通塞を専断し、開合、高低、変化を計り、東洋貨力の権を執《と》る。その由るところなきにあらず、かつ土民の保護のため、陸海兵備を厳《おごそか》にし、その国の栄名とその利益とを謀《はか》る。規模の宏大なる、所見について知るべし」

そしてここには英国の造営になる書院、造幣局、新聞局、講堂、病院があり、まさに英国の街のミニチュア版であった。

また、英国人が中国のことをよく調査勉強して、いろいろな出版物を出していることに感心し、敬意をもってこう書いている。

「英人華学を修行するもの皆勉強刻苦《こっく》、固《もと》より浅近《せんきん》〔アサハカ〕にあらず。その教法《きょうほう》の由来する所を研究するため、その学問の源委《げんい》を考索し、その治体《じたい》風俗より、歴代の沿革、政典律令《りつれい》は勿論、日用文章まで精究し、その書を訳し、その説を著《あらわ》し、大事業を遂ぐるもの、その人乏しからず、文明の素《そ》ある、人心の精神ある、学術の上に従事すること、すなわち国の強盛《ごうせい》にして、人智の英霊周密〔スグレタルコマヤカ〕なる所以《ゆえん》を徴《ちょう》するに足れり」

また、監獄を見学しているが、その行き届いた施策に大いに感心している。

「英国の囚獄《しゅうごく》を見る。その壮宏《そうこう》にして、罪人の取扱かた、すべて軽重に応じ、各器局に随い職業を営ましめ、かつ獄中に説法場《せっぽうば》を建置き、時々罪人を集い、説法を聴かしむ」

しかもその説法は、「罪人をして後悔懺解《さんげ》なさしめすべて悪を戒《いま》しめ、善に赴《おもむ》かしむるを専《もっぱ》らに説くなり。（略）民を重んずる道、懇篤切実なる感ずるに堪えたり」である。

サイゴン、シンガポール、セイロン島

一行は、香港で大きく立派な船「アンペラトリス号」に乗り換えて出帆する。船は南支那海をわたって、メコン河口にいたり、水先案内人の乗船を待って河を遡っていく。約六〇マイル遡行してサイゴンに寄港する。ここはフランスの植民地であり、総督府がおかれている。船中で一夜を過ごし、翌朝迎えの船がやってきて上陸し、警護つきの馬車で総督府を訪れる。おりから停泊中のフランス軍艦から二一発の祝砲が放たれた。

夜には夜会（ソワレ）に招かれ、舞踏会なるものを初めて経験する。英国の地・香港にはなかった華やかな歓待ぶりである。栄一の記録にはこうある。

「季候、暑熱。土地肥沃。風俗支那に似て陋《いや》し」とあり、社会情勢について「兵卒凡一万を駐《ちゆうさつ》剳せしめ、不虞に備えて、盛んに開拓建業の目的をなす。されども兵燹《へいせん》〔イクサノヒ〕の後（戦後）、未だ十年にも充たざれば、土地荒廃し、人烟、稀疎《きそ》〔マバラ〕にて全く休養、殷富《いんぷ》〔ユタカ〕にいたらず、かつ土民反復《はんぷく》〔ソムク〕測り難く、ややもすれば嘯合作乱《しようごうさくらん》〔サワダチ〕し、来襲するあり。故に仏兵常に戒心《かいしん》〔ヨウジン〕ありて、兵額を減ずるなしという」

そしてフランスは、製鉄所、学校、病院、造船所などを設けているが、一年の収入額は三〇〇万フランに過ぎず、入費は多く、得失あいつぐなわずの状況だと書いている。

横浜からパリへ――使節団の旅程

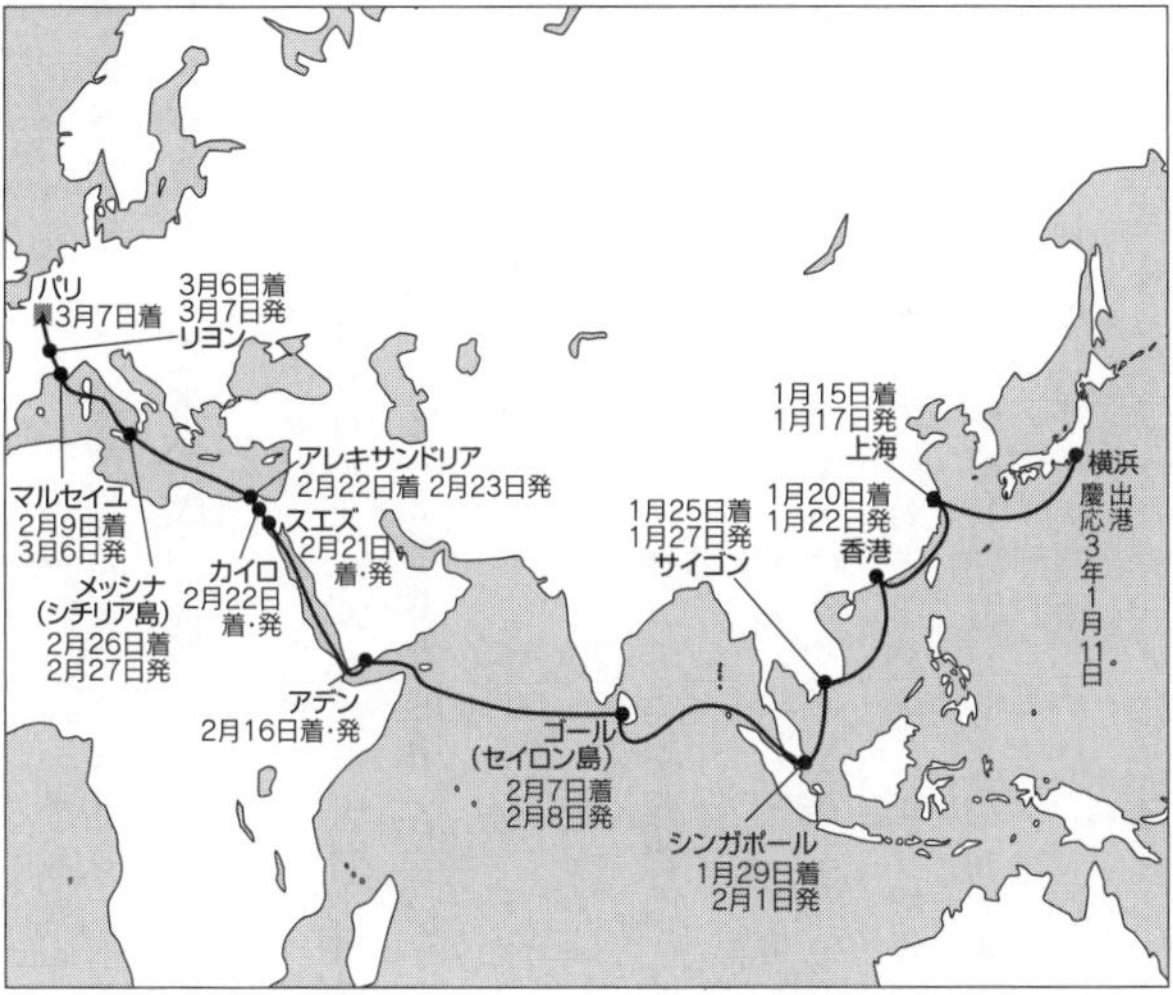

いずれも慶応3年(1867年)、日付は旧暦
(サイゴンは現在のホーチミン)

次いでシンガポールに寄港する。ここは英国のアジア基地で、オーストラリアへの中継点でもあった。「暑、酷烈といえども、樹木繁茂の地多く、清蔭快涼をしめ、かつ時々驟雨《しゅうう》来りて煩熱を滌《すす》ぐ」である。

上陸すると馬車を雇い、一マイルばかりの市街へ行く。「府下は欧人土人とも雑居して、諸物を販す。価きわめて不廉なり」、一行はここで当地第一というヨーロッパ・ホテルで休息、公園などを散歩し、夕刻には出帆した。

船はマレー半島沿いを北上してインド洋へ入り、そこを横切ってセイロン島の北端、ポイント・デ・ゴールに寄港する。

ここは欧亜航路上の要衝で、インドのカルカッタ、ボンベイ、マドラス、ボンチセリへの便船がある。海岸に星形の要塞が築かれており、その中に街ができている。大航海時代、最初はポルトガルが進出し、後にオランダがそれに取って代わって強固な砦《とりで》をつくり、さらには英国が進出して奪取し、当時は島全体をその支配下に置いていた。

一行は上陸して、砦の中にあるオリエンタルホテルに泊まる。

「土地熱帯なれば、亭榭《ていしや》すべて避暑の工夫せし結構なり。産物多し、就《なかんずく》中果物佳品、魚類も鮮にて食料すこぶる芳美なり。棕櫚《しゆろ》、芭蕉の実、黄橙《おうとう》〔オレンジ〕、楔襟《けつきん》〔マンゴスタン〕、桂《けい》枝《し》、甘藷《かんしよ》など良好なり。カレイとて胡椒を加えたる鶏の煮汁に、桂枝の葉を入るものを、また名物とす」

馬車を雇って街の外へ出てみると、山の斜面に段々状に水田がひろがり、中腹には仏教の寺があり、大きな釈迦の涅槃《ねはん》像があった。「全体に黄色、額《ひたい》に白毫《びやくごう》なし、合掌側《そく》臥《が》胸より下は衣もて掩《おお》い、衣鱗状をなし」である。

さらに山を登っていくと頂に出る。そこは「眺望、佳絶。小亭を構え、三鞭酒〔シャンパン〕など備えてひさぐ」である。帰り来たりて食事をすれば、給仕人みな黒く裸で、腰から下を布でおおうのみ、「甚だ厭うべく」と書いている。

夜、微涼、市中を歩いてみれば、土人の家屋はシンガポールと同じで、貧しく陋《せま》い。現地人の生活は、野蛮というか原始に近いような状況とみうけた。

さて、翌朝八時出船、洋上ではイルカの群泳にあう。また夕刻よりにわかに驟雨来たり、その後、洋上に竜巻を見ている。その情景は次のようだった。

「海上一団の黝雲《ゆううん》起こり、たちまち空中暗澹として、俄然低回〔ニワカニヒククダリ〕し波濤に相接し、潮浪を巻き揚ぐる。陸地の驀風《ばくふう》の飈揚《ひょうよう》〔マキアゲル〕する如く、その響きありて、さながら龍腥〔タツノナマグサキ〕を挟む勢いあり。俗にいわゆる竜巻なりとて、衆人、奇観の想をなせり」

青淵《せいえん》・渋沢栄一の詩魂

さて、『航西日記』の叙述を見て感心することは、その観察が精細的確で、表現が見事なことである。船上での食事についても、上海の街の表情についても、またこのセイロン島の自然や風景についても、である。

渋沢には「片手に論語、片手にソロバン」というイメージがあって、多くの人が詩情豊かな文人という連想は持たないだろう。が、渋沢は若くして「詩をつくる人」であり、十七歳のときにすでに「青淵《せいえん》」という号を使っていた。

そのころ、師でもあり従兄でもある藍香と二人連れで、信州へ藍の売り込みに行ったことがある。藍香二十七歳、青淵十七歳のときである。そして、二人で漢詩を詠み合って旅をしたとあり、その記録を『巡信記詩』として残している。藍のセールスをやりながら、彼らは旅の道すがら漢詩を詠み合い、詩文による旅の記録を残しているのだ。

詩作の人・文人栄一の背景がここにあると思うので、少し寄り道をする。

藍香はその『記詩』のはしがきで、こう書いている。漢文なので吉岡重三氏の『新藍香翁』からの現代語訳で紹介させていただく。

「私と青淵とは、ともに利根川南岸の農夫である。そして藍を売り歩くのも家業である。漢籍について論じ漢詩を作ること、これだけが二人の唯一の個人的な楽しみなのである。（中略）一つの箕《み》と単刀、それに数冊の書物を携えて旅に出る。すると父がいうのに、お前の旅装はまるで文人といった格好だ、くれぐれも詩文に心を奪われて家業を怠ってはならないと釘をさされる。それから栄一のところへいくと、その親父からも同じような忠告をされて二人は出発する」

双方の父親が異口同音に心配するほど、二人は詩文が好きだったのだ。

青淵の書き出しはこうだ。

「僅整旅装意漸馳　薄遊誰識値佳期　追随従是信毛路　夜々旗亭賦竹枝」

「軽い旅装を整えると、心はもう旅への期待感で次第にはやってくる。ほんの短い旅だけれども、それがちょうど自然のもっとも美しい時期にあたるなんて、誰が知っているであろう。ほんとに運のいいことだ。これから友に随《したが》って信州、上野《こうずけ》へと旅立つ。夜ごと旅の宿で、その土地の風情を詩に詠んでゆくことにしよう」

妙義山《みょうぎさん》の界隈では、こう書いている。

「時は十月八日、風景も美しく、緑の松に紅葉が映《は》えて心も軽く、わらじをはく足取りも軽い。三尺の刀を腰に、木を渡した険しい路を歩き、一巻の書を肩に、けわしい峯をよじのぼった」

頂上に出ると視界が大きく広がる。

「四方を眺めれば風景は十分に晴れ渡って美しかった。遠近濃淡が細かに見分けられ、青、紅が美しく、さらに広く果てしなく続いている。素晴らしい風景というものは、人の行かないようなけわしい所に踏み込んでこそ、体験できるものだ、ということを初めて知った。そして本当に趣《おもむき》のある旅を味わいつくした」

さらには漢籍の教養をうかがわせる人生の哲理へと展開する。

「恍惚となって、この時あることを覚った。そして慨然として手のひらを打って、ああ！と溜息をもらした。君、見よ！　世を逃れた清心の士を。一心に精進して露を呑んで神仙の世界を求めている。また見よ！　岌々《きゅうきゅう》として名利のために動く俗人たち。朝に暮れに奔走して、あぶくのような富を追いかけている。両者とも知らないのだ。両者の中間に大道があることを。そしてただ一方の隅をつくだけであるために、生涯を誤ってしまうことを。大道とは本来あるべきところにあるもので、天下の万事は誠から成り立っている。父子は親、君臣は義、兄弟は友と敬を以て接する。これが大道である。かの両者はこの点に気付かないのだ。憐れむべし自ら甘んじて人情にそむいていることを」

そして二人は語り合っている。

「ある時は手に手を取り合って岩山によじのぼり、ある時は枕を並べてお互いに談じ合ったが、そのたびに詩情がにわかにわき上がり、詩語がすらすらと口をついて出る」

するといつのまにか、布袋の中は詩を書き付けたノートでいっぱいになっている。

「仕事をしながら合間に詩をつくる、それが文人の作った詩に負けないのはどうしてだろうか」と青淵が問えば、藍香は応《こた》える。「内に仕事に熱心に取り組み、外には詩を楽しんで、旅行中、決して無駄に時間をついやさなかった。それだもの、どうしてその風流がすばらしくないことがあるものか」と。

ここには瑞々しい感性があり情感がある。この素直な心、純な心情、誠を大事にする精神、そして現世と遊離した仙人の道でもなく、名利を追いかける俗世の道でもなく、その間にある大道を求める思想が、伏流している。

十七歳にしてすでに「青淵」と号したこの青年は、その心をいつまでも持ち続けたといってよかろう。この詩作の人であることは、自然の摂理を感得し、人の歩むべき道を理解し、人情の機微をも察することのできる証拠であり、そのまことの柔らかな人間性が、その後の人生の根っこになっていくことを思わせるのである。

大工事・スエズ運河のからくりに驚嘆

船はインド洋上を五日ばかり航海して、鯨の姿をも見ながら、ようやく紅海の入り口に達する。アラビア半島の一角、アデンの港である。ここはゴツゴツとした禿げ山を背景にする小さな港で、一木一草もない土地柄である。英国がここを航海上の中継点として諸施設をつくり、兵を駐留させて安全運行を計っている。

一行は、ここでも上陸して街や山の上にある貯水場を見物した。渋沢はこの水もなく緑もなく痩せた土地の人々の生活を見て、ある種の感慨を催したのであろう。日記に次のように記す。

「人生、瘠土《せきど》、生活の難き、飲水も容易ならざるより、人力勉強せざるを得ず。肥瘠《ひせき》土地の異なる、民の苦楽の相反せる、想い見るべし。肥沃楽地に生まれ、遊惰宴安《ゆうだえんあん》に逸し、終身人間、かかる地あるを知らざる。嗚呼《ああ》、幸いというべきか。はたまた不幸といわんか。知るこれいわゆる瘠土の民は勤倹にして剛勁《ごうけい》、事あれば戎に就くや軽し。すなわち富国強兵の根基《こんき》なり。肥沃《ひよく》の民は、遊惰にして、柔弱事あれば戎に就くや難し。すなわち亡国の逃逋の根底なり。豈《あに》しからざらんや」

　船はアラビア半島とアフリカ大陸の狭間、細長い紅海を通航してスエズに達する。両側の風景、山あれど樹草なく、岩石と砂のみにて人家なく、海面は油のごとく漲《みなぎ》りて動かず、まさに見るべきものなしである。ここは世界でも一番暑いところとして有名だ。冷房もないころだから、その暑熱甚だしく「困憊、疲労、不寝、連夜」に及ぶとあり、欧人はここを呼びて「鬼門関《きもんかん》」というとある。

　二月二十一日（陽暦三月二十六日）、ようやくスエズに着す。

　一行は、小舟で港に上陸し、英国人の経営するホテルで一休みし食事をする。ここには植栽のある庭もあり、「楼上より海洋を望めば、諸山歴々として頗《すこぶ》る佳観なり」とある。

「土民黒色、頭に白布を巻き、仏国アルゼリー隊の如き衣服を着たり。士官みなトルコの赤帽子を冠《かぶ》れり」「最寄りの土人の家は、みな燕巣《えんそう》の如く土にて作り、頽圮《たいひ》傾倒して、古風を存するのみ」である。

アラブの乾いた風景、そして独特の風俗、風姿、いずれも目をみはるものがあった。

当時、世紀の大工事といわれた運河の掘削はまだ進行中で、一行は鉄道を使ってカイロ経由でアレキサンドリアに向かう。

「この地、西紅海の尾にある一湾にして、近来地中海の通路開けしより新たに設けし港なれば、人家も扶疎《ふそ》〔マバラ〕にして惣《そう》じて諸港の如くならねど、西紅海の行詰りにて、欧人喜望峰を回らずして、東洋に達す便路なれば、この峡を経ざるを得ず」

スエズ・アレキサンドリアの間の鉄道は、「（当初）英国通商会社の目論見《もくろみ》にて、東洋貿易簡便自在を得んため、本地政府に達し、年限を定めてその費用償い戻しの上は、地元に属せしめんとの約束のよし」とあり、なるほど、そういうやり方もあるのかと、学習した思いがあったであろう。

さて、このスエズ運河であるが、この建設についてはきわめて大きな影響を渋沢に与えたということができる。まず、こうした記述がある。

「西紅海と地中海とは、アラビアとアフリカ州の地先交接する処にして、僅かに濤路を隔《へだ》つ、凡そ百五、六十里の陸路あり、故に西洋の軍艦商船など、すべて東洋に来泊するは、喜望峰の迂路を取らざるをえず。その経費莫大にして運漕もっとも不便なりとて、千八百六十五年ころより、仏国会社にてスエズより地中海までの堀割を企て、しかも広大なる土木を起こし、この節経営最中のよし、汽車の左方はるかにタント（テント）など多く張り並べ、土《ど》畚《はん》〔フゴ〕を運ぶ人夫などの行きかうを見る。この功の竣成は三、四年の目途にして、成功の後は、東西洋直行の濤路を開き、西人東洋の声息を快通し、商貨を運輸する、その便利昔日《せきじつ》の幾倍するを知らずといえり。すべて西人の事を興す、独《ひと》り一身一箇の為にせず、多くは全国全州の鴻益《こうえき》を謀る。その規模の遠大にして、目途の宏壮なる、なお感ずべし」

　大陸の間に四〇里にも及ぶ長大な掘割をつくってしまおうという計画である。その完成の暁にはものすごい公益が生ずる。単に一国の利益ではない。これは世界の利益であり、しかも未来永劫にも続く利益である。その建設工事には幾多の障害があるだろう。まず炎天下の工事はすごい苦役であり、それには何よりも巨額の資金が要る。

　いったいその資金はどのように集めたのか、この世紀の大工事のからくりはどうなっているのか、渋沢は船上でも、いろいろ聞き糾《ただ》しただろう。それが仏人レセップスの仕事であるとは知ったであろうが、その資金がどのように調達され、背後にはナポレオン三世の存在があることまでは、この時点ではわからなかっただろう。しかし、このような大プロジェクトをなしうるフランス人と、その国の実力の秘密に、いよいよ好奇心をそそられたことは疑いない。

初めて乗った「鉄の馬」

この地で渋沢は、近代文明の利器「鉄道」に初めて乗った。当時「鉄の馬」とも称され、驚くべき機械であった。一望千里の砂漠に一本の鉄路を敷いて、その上を力強く走り続ける。窓外の景色は一面の土漠、「草木生ぜず茫渺たる曠野、風の吹き回しにより、所々高低あり」である。「汽車道の側に一の往還あり、土民駱駝《らくだ》に荷物を負わしめ通行す」である、その新旧の対比がまた鮮やかであった。夜十二時にカイロに着く。が、一時間ほどで出発するのでカイロの街は見ていない。が、おそらく同行の識者からエジプト王国の歴史やカイロの街の繁昌ぶりを聞いたであろう。明け方にはナイルの大デルタ地帯を走り、農村地帯を見て、十時、古都アレキサンドリアに着く。

「この港は地中海の要港にて、貿易も繁昌し、土地も富饒にて、劇場妓楼などいずれも欧人半《なか》ばせり。土俗婦女は黒衣首より包み、顔は眼の間に束木を立て掩《おお》い往来す。貴族は常に家居深窓に在りて人に面するを恥とす。只一夫一婦のほか、妾を蓄わう。多きは数十人に過ぐといえり」

ここで栄一はこの地における一夫多妻制について西洋と比較し感想を述べている。

「西洋は東洋諸邦と異なり、帝王より庶人に至るまで、一夫人のみにて、妾媵《しようよう》〔メカケカシズキ〕なし。すなわちこれ、閨門より推して天下に及ぼす理ならん」

この国は妾が多いのを誇りとし、現にトルコの王は四八〇人余の妾ありという。

「この地、欧州の最寄りに在りといえども、その陋風《ろうふう》を改めざるは、因襲〔シキタリ〕の久しき開化に後れたりというべし」と。

アレキサンドリアでは、フランス領事の公館に案内され、そこで一泊している。

アレキサンドリアからマルセイユまでの旅

ここからは「サイド号」という船に乗りマルセーユへ向かう。途中、イタリアとシチリア島の間の海峡を通過、サルデニア、コルシカの島に沿って北上する。サルデニアにはイタリアの革命の志士ガリバルディーが隠棲しており、その伝聞によって賛嘆欽慕の情を吐露している。

「このガルバルディー、六、七年前、弾丸黒子の地より崛起し、教法の真ならざるを論じ、廃仏の説を主張し、奮然兵を興し、威を泰西に輝かし、イタリア全地、頓整に席巻せんとする勢いありて、その雄図四隣一時に震慴《しんしょう》〔フルイオソル〕するに至れり。功名いまだ墜ちざるに、粛然退休して、桑楡《そうゆ》の晩節を高くし、悠々余齢を楽しむ。その英風なお欽尚するに堪えたり」

次いでコルシカ島をよぎるとき、この地がナポレオン一世ゆかりの地であることに想いを馳せ、感慨の一端を記している。当時の日本人にとってナポレオンはまさに英雄であり、米国のワシントンと並んで最も人気のある偉人だった。

「名に負う仏国初代のナポレオン翁の出生の地なり。当時勃興する竜虎飛嘯の兵威、向かうところ、山を回《かえ》し、海を倒し、盛名《せいめい》、八荒に震い、功業千載に烜《かがやき》たるを追想し、山水の鐘秀霊英よく、人傑を生ずるの信なる感嘆せり。風いよいよ暴く巨船をゆりあげ、英雄の余気なおいまだに消せざるを覚う」

当時の渋沢の気分はいわば革命の志士である、それだけにガリバルディーにも親近感を覚えナポレオンへの敬慕の念も強かったのであろう。そのことがよく伝わってくる文章である。

こうして横浜を発って四八日目に、マルセイユの港に到着する。

この長い旅は、寄港するアジアや中東諸国の風土と歴史を知り、英仏をはじめとする欧州各国の進出・植民ぶり、そしてアジア・アラブの民の生活の様子を見学する大いなる機会であった。

そして、洋上のゆったりした静穏な時間の流れは、それまでの五年ばかりの波瀾万丈の日々をふり返るよい機会になったと思われる。そして上海、香港、サイゴン、ゴールと見てくることで、かつて攘夷の熱気にあおられて暴発しようとした無謀さと、開化の必要性をあらためて感じ取ったであろう。

また、スエズからアレキサンドリアまでの蒸気車の初乗り体験は、その便利さと効率のよさにおいて脱帽せざるをえず、マルセイユに着くころは攘夷の気分は跡形もなく雲散霧消してしまったものと思われる。

四章　パリ万国博覧会の光と影

目眩《まばゆ》いばかりの悦楽の都

マルセイユの港に着くやフランス側の歓迎ぶりは厚かった。祝砲は鳴り渡り、迎えの馬車には騎兵一小隊が前後につき、一行は、当地第一のグランドホテルに招じ入れられる。そして知事や陸海軍の総督など、主立った人たちが安着祝いにやってくる。夜には劇場に、翌日は市内の主要なところに案内される。次の日には軍港のあるツーロンまで遠出し、製鉄所、銃砲倉庫、それに当時の最新技術だったであろう潜水服で潜る実演まで見せてくれた。

こうしてマルセイユには七日間も滞在して諸々の歓迎行事に参加し、ようやくパリ行きの汽車に乗る。そして途中のリヨンでも下車して一泊するのだが、夜に着いて朝早く出発しているので美麗と評判の街も、名高い絹紡織の諸工場も、見ることはできなかった。

慶応三年三月七日（一八六七年四月十一日）夕刻、横浜を発ってから五六日目にパリに着く。そこにはフランス政府からご指名の世話役、神父のレオン・カションや総領事役のフリユリ・エラールが待機していて、目抜き通りのカプシーヌ街にあるグランドホテルに案内した。それは建築中だった壮麗なオペラ座の隣に位置する最新・最高のホテルだった。

翌日からは外交儀礼のための行事が続くが、九日（四月十三日）には早々に洋服屋を呼んで礼服を注文をしている。皇帝との謁見や種々の晩餐会が控えており、和服だけでは対応し

将軍・慶喜の名代としてパリを訪れた
民部公子・徳川昭武（当時15歳）

きれないとの思いからであろう。

三月二十四日（四月二十八日）、いよいよ皇帝ナポレオン三世との謁見である。ホテル前には日本使節の出で立《いた》ちを見ようと、山のような人だかりである。公子は衣冠束帯《いかんそくたい》、白銀《しろがね》造り金蒔絵《きんまきえ》の太刀《たち》、黒の塗沓《ぬりぐつ》、冠《かんむり》。向山隼人正と山高石見守は薄色の狩衣《かりぎぬ》に剣。保科、田辺ら書記官は布衣。山内、杉浦らは素袍《すおう》だ。渋沢は留守組で、ここには出ていない。

迎えの馬車に乗った一行は、チュイルリーの宮殿内に導かれ、車寄せで下車すると、式部長官が玄関まで迎えに出ていて、その案内で二階へ進み、第一室から次々と部屋を通り抜けて第五室の謁見の間にいたる。正面の三段高いところにナポレオン三世、右にウージェニー皇后、皇帝の左には外務大臣以下の高官が控えている。ここで互いに挨拶を交わし、国書の伝達や贈答品の目録をわたし、そのあとは次の間で茶菓が出て、謁見の儀は終わった。

ちなみにどのような品を皇帝に贈ったのか目録を見ると、水晶玉一、組立茶室一組、源氏蒔絵手箱一、松竹鶴亀蒔絵文箱《ふばこ》一、実測日本全図一部である。組立茶室とはいかなるものか、実測日本全図なるものがどんなものか、興味のあるところである。

三月二十九日（五月三日）、皇帝招待の観劇会に行く。これには渋沢も随行している。

「夜八時より仏帝の催せる劇場を看《み》るに陪す。この劇場を看るは欧州一般の礼典にして、およそ重礼大典等おわれば、必ずその帝王の招待ありて、各国帝王の使臣等を饗遇《きょうぐう》慰労《いろう》する常例なり」

そこで渋沢も礼服盛儀にてゆくことにしたが、とにかく言語も趣向、仕組みもわからないから、劇の筋立ては推測するしかなかったであろう。が、内容は古代の忠節義勇の話、感慨ある事績、世の口碑に係わるものなどで、台詞は少なく大方は歌謡であると見ている。

「その歌曲の抑揚疾舒、音楽と相和し、一幕おきくらいに舞踏あり。この舞踏も二八（十六歳ぐらい）の娥眉名姣五、六十人、裙短き彩衣補裳を着し、粉妝媚びを呈し冶態笑みを含み、みな細軟軽窕《さいなんけいちょう》〔ヤサシクタオウヤカ〕を極め、手舞足踏、婉転跳躍、一様に規則ありて百花の風に繚乱する如し。かつ喜怒哀楽の情を凝《こ》らし、一段落の首尾を整え数段をなせり。舞台の景象、瓦斯燈、五色のガラスに反射せしめて光彩を取るを自在にし、また舞妓の容輝、後光、あるいは雨色、月光、陰晴、明暗をなす、須臾《しゅゆ》の変化その自在なる、真に迫り観ずるに堪えたり」

舞台のしつらえ、照明、登場人物の衣裳、歌謡と舞踊の様など、実に細かいところまでよく見て記録している。

四月一日（五月四日）にはミニストル館（外相の館か？）に招かれ、夜一〇時から出かけている。それは親しい知友、親戚を招いてのダンスの会で、その趣向はまた目を見張るものだった。『航西日記』にはこうある。

「あらかじめ招待書を廻し、その日にいたれば、席上花卉《かき》を飾り、灯燭を点じ、庭燎の設《しつらえ》、食料茶酒菓の備えなど、華美を尽し、その席に来れる賓客男女ともにみな礼服を盛んに飾り相集まり、互いに歓娯し音楽を奏し、その曲に応じて男女年頃の者、偶を選び配を求め、手を携え肩を比して舞踏す」

事前の招待状のことから当日の会場の設えまでしっかり観察し、どうやらこれは集団見合いの席でもあるようだと目を付けている。

「これすなわち、好を結び歓を尽し、人間交際の誼《よしみ》を厚うするのみならず、男女年頃の者、相互に容貌を認め、言語を通じ、賢愚を察し、自ら配偶を選求せしむる端にて、いわゆる仲春男女を会すといえる意に符合し、また礼儀正しく彼の楽しんで淫せざるの風を自然に存せるならん」

この種の夜会は、皇帝陛下臨席の貴顕紳士淑女の集まりから、庶民階級の集い《つど》までいろいろあり、男女がふさわしい相手を見つけるいい機会になっていると書いている。

「この会を仏国にてハバルといい、あたかも本邦の北嵯峨《きたさが》、大原《おおはら》、岐岨《きそ》、藪原《やぶはら》など盆踊りの類に似て大いに異なるものなり」

ナポレオン三世は名代の好色家で、好みの女性とみれば部下の娘でも友人の嫁でも構わずものにしようという猛者《もさ》であった。その風潮は上流階級の間にも蔓延し、この時代は「快楽のエポック」ともいわれ、実をいえばこうした会合も、男女の不倫関係を生み出す舞台でもあったのである。渋沢も、その方では相当の「快楽の徒」であっただけに、そこに気付かぬはずはなかったろうが、ここでは公式記録にふさわしい記述にとどめたのであろうか。

実家に残した妻との手紙のやりとり

パリから渋沢は、夫人の千代《ちよ》に手紙を出している。慶応三年十一月十七日付けである。原文は候《そうろう》文で読みにくいので、現代語で抄訳する。

「一筆申し上げます。自分たちはフランスに来てから変わりなく元気に務めております。そちらもみんな平安で両親にも孝養を尽くしてくれていると遠察しています。このたびは思いもかけず一万里の海外に御用を仰《おお》せつけられ、また四、五年は滞在の予定なので、永々の留守を独り身で父母へ奉仕するばかりは、まことに心ならぬことで朝夕気に懸かっています。でもこれも御用なので致し方なく、くれぐれも辛抱してお骨折りをお頼みします」

それから千代の母親や娘の歌のことなど書きつらね、最後には、こう不満をもらしている。

「その後は絶えて手紙が来ないのはどうしたことか。京都にいるときは、たびたび手紙をくれたのに。この手紙が着いたらぜひ返事がほしい。夫婦は人倫の大道にして、婦は夫に順《したが》うは日本唐の教、もとより婦道をちゃんと尽くしてくれているであろうが」そして、「いつになるか会える日を楽しみにしているしかない。それまでは憂きこともあろうが辛抱してくれ」と結んでいる。

その後、千代からも手紙が来たらしく、それに対する二月十七日の手紙にはこうある。

「十二月中のお手紙、二月十四日フランス国で受け取り、忙しく拝見しました。私が帰国するまでは両親の許《もと》でお世話してくれるとの心がけ、誠に感じいりました」

ところが、渋沢がパリの様子を伝えようと写真を送ったらしく、それを見た千代は「なんと情けない姿になってしまったのか、その姿は改めくだされ」と書いてよこしたらしい。それについて渋沢は、「西洋に住む以上は、その真似をするのも当たり前の道理だから、このことは承知されたい」と書いている。

栄一自身はシルクハットをかぶって颯爽としたつもりで得意気に送ったのではないかと思

髷姿の渋沢（フランスにて撮影）

うが、この反応には、さぞ参ったことだろう。ただ、千代からも「一日も早くお会いしたい」との文面があり、それには「こちらも同じ思いで日々暮らしている」と相思相愛の情を見せている。

さて、明治元年（慶応四年）三月三十日の手紙はこうだ。

「季節も良くなり、両親はじめみなさんお変わりなくお過ごしと存じます。こちらも公子ますますご機嫌よろしく、こなたも無事すごしております」

そして自分は武士の本分、お国に忠を尽くす覚悟で務めているが、「そなたは、いまだ年若き身なのに、長々と辛労をかけ、また楽しみも甲斐もない日々にて、心のほど察しいる」と書く。

そして、「武士の妻は古より楠木正成の妻、または忠臣蔵などにその例があるように、心を強く持ってくだされ、頼み入りもうす」とあり、正成や忠臣蔵が出てくるところが時代を感じさせる。さらには、「会える日までは、よくよく貞操お守りなされたく頼み入り候」と念を押している。

当時の武士の夫婦間にあっては、ちょっと意外なほどの心配ぶりと感じられるが、あるいはフランス人に脅かされたのかもしれない。彼らからすれば、互いに独り身で長くいること

髷を切り洋式正装姿となった渋沢（フランスにて撮影）

のほうが異常で、そんなことをしたら「快楽のエポック」のパリ事情から類推すれば、奥方が浮気をするのはごく当たり前だなどといわれた可能性もなくはない。

引っ越し、買い物、パリでの日常の日々

五月四日（六月六日）には、ブローニュの森にあるロンシャンで軍事大演習があり、各国の賓客も勢揃いし、公子一行も参列したのだが、そこではロシア皇帝が狙撃されるという大事件があった。この催事はナポレオン三世にとっても大事な行事であり、とくにロシアの皇帝は最高の賓客であったから、これは由々しき大事であった。ただ、馬に命中してその血潮が皇帝の服を汚したので一時は騒然となった。アレクサンドル二世は騒がず冷静に対応し、大事には至らず、幸いにして弾丸は逸《そ》れて皇帝に怪我はなかった。犯人はロシアの圧政に反旗を翻した貧しいポーランドの青年で、その場で捕らえられた。

万国博覧会の開催期間は、西暦の五月から十一月までである。そのために各国の皇帝、王族、貴顕紳士並びに淑女たちが大挙してやってくる。そこでフランス側はその応接のためにいろいろな催事を組んでもてなした。昭武公子もそのたびに招待を受け、お付き共々出かけ

ていく。こうして華やかな西洋風の宮廷外交絵巻がくり広げられていくのである。

さて、その間、渋沢はどうしているかといえば、縁の下の力持ちで、むろん公子に随《したが》って晴れがましい席に出ることもあったが、おおむねは宿舎で留守番をしていた。公子の一身のことを扱い、公子所属の者へ給与を支払い、日本への信書を書く。本人も「マア、書記と会計を兼ねたような職掌で、平常は至って閑散だった」といっており、高価なホテルにいる必要はないので、下役三人が語らって安い貸家に移ることにした。

このころ、随員の一人、山内六三郎（堤雲）の書いた『五大州巡航記』にこんな記述がある。

「城門（凱旋門）の側の御旅館より二町ばかりのところに小貸家あり。二階にて一階ごとに寝間二つ、座敷一つ、食堂一つありて他人住まず。これよりこの家を、まず本月十五日（西洋暦）より来る六月中借入る相談にいたす。一階目代五百フラン、二階目代四百五十フラン、門番人の手当て一ヶ月十五フラン、しめて一ヶ月九百六十フラン、給仕人給料とも千フラン少々余也」

場所は、シャルグラン三十番地、シャンゼリゼの通りから少し入った、便利で閑静なところである。当時は英国ポンドが世界の基軸通貨で、概算でいえば一ポンドが米国ドルで五ドル、フランスフランで二十五フラン、日本円五両だから、五フランで一両という換算だった。だから千フランといえば二百両にちかく、「欧州は何事によらず高く、物価は大体、日本の五、六倍」と記している。

四月十二日（五月十五日）には、書記官の木村・杉浦と渋沢の三人がここに移った。シャルグランは凱旋門の設計者の名前だといい、ロケイションも家の設《しつら》えも大いに気に入ったらしい。山内六三郎はこう書いている。

「その地位（立地）甚だよく、市中を少し離れ、江戸にていわば根岸《ねぎし》などいう所にして、閑静なれども町に遠からず、楼上より望めば数個の馬車四方に走るを見れども、轣轆《れきろく》（車のきしる音）耳に遠く、家小なれども内部美にして狭きを覚えず、簡便かつ美なり。給仕掃除など一ヶ月四十フラン、食料一人一日十フラン、ただし酒・蠟燭・寝床・食卓の布・包丁・叉はその外なり。勝手道具・茶瓶・茶碗・皿・コップなどは付属せり。今日結髪師を雇いて頭の掃除を為す、代四フラン也」

渋沢は、ここからホテルに出勤することになる。翌日の山内の記録には、「雨天だったので馬車でホテルまで出かけ御用を承《うけたまわ》り、ついでにホテルで風呂にはいる。理髪道具一式を二十五フランで買い、帰路には傘一本十六フランで買った」旨記されている。そのような生活ぶりがつづくのだろう。とにかく言葉を覚えなくてはと、教師を雇い毎日まじめに勉強する。一ヵ月もするとなんとか日用の買い物くらいはできるくらいの会話力がついたらしい。

思わぬ衝動買い

四月十四日（五月十七日）には、渋沢はフランス語のできる山内とともに博覧会へ行っている。山内の記録には、こうある。

「渋沢とともにランベルを尋ね、それより博覧会見物、諸品を委曲に見る」

翌日には掛け灯台、燭台、時計など買い入れており、さらに工作場を見たら、あまりに美しくかつ安いものが多いので、つい心を奪われたとして「茶碗六、皿六、大皿一、（略）銀の茶碗一、造花の鉢植え一、附木入れ一買い入れ、百六十フラン奪われたり」といい、「退いて考うるに、実に愚の至りなれども、その場にて情を抑える能わず、ああ、とかく銭をなげうつ水の如く恐るべし、戒むべき也」とある。

美しいマドモアゼルにでもすすめられたのか、ついつい買ってしまってしきりに後悔している。次の日には「勝手向その他大工に注文す」とあるから、台所を含め内装を頼んだのであろう。異国での新鮮な経験である、まるで新居をしつらえるような、いそいそとした楽しげな雰囲気が伝わってくる。

これらの行動には、おそらく渋沢も同行していたであろう。というのは、渋沢もまた美術工芸への関心はかなり高かったと思われるからだ。読者はすでにお気づきのように、渋沢のオペラ見物や夜会（ソワレ）の記事を見ていると、舞台装置から衣裳にいたるまで、なかなか観察が鋭く、描写も行き届いている。

そこで想起するのは、まだ深谷に住んでいた十五歳のころ、叔父に連れられて江戸に出たときの逸話である。そのとき栄一は、本箱と硯箱《すずりばこ》を買って帰って来た。それまでのものが杉の古びたものであまりに粗末だったこともあり、学問好きの栄一としては気に入ったものがあったので得意気に求めてきたのに違いない。それは桐の二つつづきの本箱と硯箱で、ずいぶん立派にみえたのだろう。ところが、父はこれを華美にすぎるとして大いに立腹し、次のように厳しく諫めた。

「質素倹約はもっとも大切な心得であることは、かねがね言い聞かせてある。しかるにかような奢侈《しゃし》を好むようでは、この家を無事安穏に保っていくことはできない。ああ、俺は不孝の子をもった……」

そして三日も四日も、息子を見限ったという口ぶりで戒めたという。栄一は、この程度のことでなぜこう厳しく、しつこく叱られるのかと疑問を持ったが、十五歳の少年が身分不相応ともいえる美麗なものを買い込んできたことに父親は行く末を案じたのだ。本箱や硯箱のうちはいいが、それはやがて書斎や居宅にエスカレートするだろう。百姓の身でそうなってはいけない。「微《び》を閉じ、漸《ぜん》を防ぐ」ことが大事だと思ったのだ。鋭敏な栄一は、父の諭しを理解し、そしてこれを機に倹約・節度を尊ぶ心が、その後ずっと人生の指針となっていく。

五月六日（六月八日）には、公子について病院を訪ねている。『航西日記』にはこうある。

「この病院は、市中に接し、高敞《こうしょう》の地にあり、周囲鉄墻《てっしょう》にて、屋宇《おくう》は層階造りなり。入口に番卒を置き、各房病者の部類を分かちて、上等下等の差別あり。一層ごとに病者数十人床を連《つら》ね臥《ふ》す。臥床《がしょう》（ベッド）皆番号あり。臥具すべて白布を用い、もっぱら清潔を旨とす。看護人は皆尼女の務めとす。配剤所、食料所等十分の結構なり」

そして、設立時の資金については「ある富家の寡婦、功徳のために若干の金を出して、創築せし由にて、その写真の大図入口に掲げてあり」と記し、貴族や富豪の慈善事業への資金提供について触れている。

昭武一行も最高級ホテルから、貴族の館へ

さて、使節本隊も高価なグランドホテルにいつまでも泊まっているわけにいかない。すでに二ヵ月もたち勘定は七万フランにも達している。そこで、公式の行事が終わるころには相応の館を借りて移ることになる。それはロシア公爵夫人の所有する館で、契約内容は次の通りだった。

物件は洒落た三階建て、厩《うまや》、馬車置き場、門番所、馬具置場などもあって、三ヵ年ごとの契約で九年間貸すという条件、賃料は一ヵ年三万フラン、水道・瓦斯《ガス》の費用は別として、外の門番などの費用が年二〇〇〇フラン程度ということであった。家具の貸借、庭の利用にいたるまで実に詳細な取り決めがあり、関係者は欧州流の契約内容に驚き、実体験することになる。渋沢はここで値引き交渉をして成功している。

その館の改造も終わったので、五月九日（六月十一日）書記官らはそちらに移り、渋沢ら世話役の者も含めて宴会を張ることになった。若い者同士で気分も乗っていたのだろう、夜の更《ふ》けるのも知らず「例の論討雑話に耽り」とある。そしていつしか明るくなってきたので、ブローニュの公園の朝景色を見ようと出かけていく。

「曙のえんにおかしく木々の葉も露けく往来の人影も絶えて、ゆくゆく互いに口すさびなど

しつつ、川のほとりにいたりけるに、水鳥など群れ居て時ならぬ人跫にも驚く気配もなくて、閑なるさまは、人の害せる心なきに馴れたる。道の傍に、えならぬ花など咲きつづけたれども、手折《たお》る人さえもなきは、興ある政の先ずゆかしくぞ思わる。それより滝のあるところにいたり、人待つために設けたる椅子あり。しばらく憩息し、日の出るころに各帰りぬ」（『航西日記』）

夜を徹し、談論風発の時を過ごし、朝のしらじらとあけるころ、仲間とともにブローニュの森を散歩し、水鳥の遊ぶのを見、露にぬれる花を愛《め》で、ベンチに腰掛けて一休みし、また近くの宿に帰ってゆく情景が浮かんでくる。

五月十一日（六月十三日）には、公子以下、本隊もそのロシア公爵の館に移る。さてその「ペルゴレーズ館」とはどんな館だったのか。

敷地は六三〇坪ほどで庭もあり、三階建てのなかなかの館だった。玄関前の右手にある二部屋は家主のマダムが家財を置くために使う。一階には馬車関連のスペースのほか、小使いの部屋、台所、食堂、物置などがあり、二階の右手にお世話役の山高とそのお付きの部屋、左手に少し後のことになるが個人教師のヴィレット中佐と夫人が住む部屋と食堂、それから正面の階段をのぼって左手に医師の高松凌雲の部屋と食堂、その右手が昭武の勉強部屋と居室、大小の客間という間取りである。

栄一は公子関連費用として月五〇〇〇ドルをあずかっている。江戸の勘定奉行から為替で送ってくる。フランに直すと当時の換算でおよそ二万五〇〇〇フランになる。

そのころ、滞欧米留学生の費用は、一年で一〇〇〇ドルといわれていた。公子の費用は年にすれば六万ドルだから、並の留学生六〇人分に相当する。なにしろ東洋の君子国、日本の公子という触れ込みであり、マジェスティとよばれるプリンスであるから体面というものがある。世話役はじめ　執事、庶務、会計、小使いなどお付きが一〇人、家庭教師が中佐の他に各科目について五、六人、その他馬車、馬丁、賄い方、掃除方、それぞれに費用がかかる。むろんその他に、交際費、旅行費などが必要だ。服飾も一流どころで仕立てるから相当の費用がかさんだはずである。欧州の貴族並みの館と暮らしぶりといっていいだろう。

栄一も数年前までは深谷の田舎での農家暮らしだったのだから、この環境の激変ぶりは、とても想像できるものではなかったにちがいない。

パリ万博にみる各国の国力、経済力

五月十八日（六月二十日）、渋沢は公子について、博覧会に赴《おもむ》いている。在オランダの留学生も同行しており、そのときの様子を『航西日記』に次のように書いている。

「仏蘭西は自国の事ゆえ最も規模を盛大にし、天造の霊妙、人工の精緻、産物の豊備、学芸の高尚なる、これを世界万国に比較して愧《は》ずべからざるのみならず、以てその得意を示すに足るべき目途なれば、その場屋の半ばを占めたり。英吉利《イギリス》はその六分の一を占め、プロシャ、ベルギー、南北ゼルマン連合州、オーストリアは、いずれもその十六分の一を占め、ロシア、アメリカ、イタリア、オランダ、スイスは三十二分の一に過ぎず。メキシコ、スペイン、トルコはその半ばにして、ポルトガル、ギリシャ、デンマーク、エジプト、ペルシャ、アフリカなどは、またその半ばに過ぎず。わが邦の区域もこれらと同等にして、これを支那、シャム両国と三個に分かちて配置せしが、わが物産の多く出でしにより、遂にその半ば余を有つに至れり」

　主催国のフランスは別格として、その展示面積に当時の国の経済力、産業力と万国博への関心度がうかがわれるようだ。さて、その陳列内容はどうか、その印象については、こう述べている。

「人工の精《くわ》しく学芸の新《あらた》なる、欧州競うて著鞭《ちゃくべん》の先を争う（功名を競う）。故にこの会に出せる物品は、いずれも巧智を究め奢靡《しゃび》を尽くし、声価を世界に博めんとす」

ただ、渋沢は中でもアメリカの出品に興味をそそられたらしく、その耕作機械、紡織機械は最も素晴らしいと書いている。農業と養蚕を家業としてきただけに関心が高かったのであろうか。

また、「電線機の新製なるを多く出せしは、スイスを以て第一とせり」といい、「絹布織物の巧みにして、かつ鮮彩なるはリヨンその名高きに負《し》かず。華紋織出しの精麗各色染め付けの艶絶なる人目を眩《まどわ》し、他邦の織物は醜婦の美人の側にあるが如し」と褒め称えている。

そして「我輩語言通ずる能わず、識見凡劣なる、加うるに交際公務ありて、数日縦覧するを得ざるにより、全く夢裡の仙遊、その光景の一斑を模糊に記するのみ」と言葉の壁と、時間の足りないことを嘆く。

また、建屋の外には諸州の名産を売り、茶店酒店がそのお国ぶりを競い、若く美しい娘たちを選んでもてなす。アメリカの出店はとくに絶色ありといい、オーストリアの酒店は古色めいてまたよろしという。そして世界中の植物を集め、世界中の建築を一区画の内に並べてみせてくれる、まさに万国博覧会は「万里を咫尺《しせき》の中に約して、五族相交《まじわ》るの誼《よしみ》を知らしむるというべし」と述べている。

また日本の茶屋は人気が高く、三人の妙齢の麗人を配していると述べ、「閑雅に着坐して容観を示す。その衣服首飾の異なるのみならず、東洋婦人の西洋に渡海せしは、未曾有のことなれば、西洋人のこれを仔細に看んとせるもの、縁先に立ち塞《ふさ》がり目鏡もて熟視す」と記す。

ここの設えは江戸の商人、清水卯三郎の手配であり、柳橋《やなぎばし》の芸者を連れて行って接待をさせた。入場料は半フランから一フラン、開場以来の日ごとの収入はおよそ七万フランだったと記録している。

このころ、渋沢は藍香に手紙を出している。親しい間柄だけに、暮らしぶりや女性のことも含め率直な感想を伝えている。漢語の多い候文なので、現代風に文意を要約する。

「当地の物価は高いこと驚くばかりで、わが国の五、六倍です。でも、金銀貨幣の流通ぶりはとてもよく、紙幣も正金《しょうきん》より大事にされ通用しています。こうなると物価も国内事情だけでは考えられず、外国の物価や貨幣のことも考慮して定めることが必要だと思います」

パリではすでに国際化が進んで、貨幣についても外国との関係を考慮しなくてはならないことを伝えている。

「文物の富、器械の精密なことは、かねて聴いておりましたが、その実際をみれば一段と驚く程です。水道やガスの便利なことは驚くばかりで、街中の地下に埋設した管により供給し、家庭の台所で栓をひねれば水がほとばしり出、夜にはガス灯を点じて真昼のような明るさです。人家は七、八階、大概石造りで、その部屋は壮麗、わが国では公家大名の屋敷でも見られないくらいです。婦人の美しいことも事実で、雪の如く玉の如しです。ごく普通の婦人でさえも美しく心惹かれるものがあり、何もかもただ嘆息するばかりです」

ただ、感心しているばかりではない、冷静に見て批判しているところもある。友人の川村《かわむら》恵十郎《けいじゅうろう》宛の手紙では、ナポレオン三世の政治を評価しながらも、パリ全体の気風として「人情はとかく浮薄虚飾の風があり、純美とは申し難く、たびたび反乱暴動の類があって、その都度鎮圧しているようだ」とも書いている。

皇帝ナポレオン三世の大得意

五月二十四日（六月二十六日）、フリュリ・エラールの案内で、市街中の引用水の溜め池に行く。それはパリ郊外一マイルばかりのところにあり宏大な造作であった。

「水源は遠く巨河の委流より堰《せき》来りて、水溜に湊合《そうごう》〔アツメ〕、器械を以て水勢を激し、各個鉄製の巨筩《ことう》〔オオキナトイ〕に注ぎ、地中を通じ、市中各戸の飲用、その他数種の噴水園池の用に供す。毎戸の飲用は、すべて細小なる真銅の管にて、管頭に捏子《ねじ》ありて、これを旋《めぐ》らせば水自ら噴出す」

その後、有名な下水道の設備も見学しており、その完備したパリの上下水道には心底感心したようだ。渋沢は「あたかも人身の肋骨連環接続するが如し、その結構の壮大、工作の精密なる驚感するに足る」と述べている。

五月二十九日（七月一日）には万国博覧会の賞牌《しょうはい》授与式に参加する。これは各国の出品物を評価してグランプリをはじめ金賞、銀賞など授与する儀式だが、会期中でも最も盛大なイベントだったらしい。というのは、二万人を収容するという大会場に、各国の帝王、皇太子、同后、貴顕紳士淑女がきら星のごとく参列し、ナポレオン三世はチュイルリー宮から煌《きら》びやかな馬車で前後に大行列を従えて乗り込み、一二〇〇人の楽士が一斉に皇帝を讃える音楽を奏する中を演壇に進むという派手な演出だった。

渋沢も公子に随行して参加しており、その模様を詳しく書いている。が、とくに感銘を覚えたのはナポレオン三世の演説であったとみえ、次のように記録している。

「大地球上各部より、およそ百技《ももの》芸、知巧、機具をあらわすため、競ってこの国に聚会《しゅうかい》し、各君主にも、また各その助力を為さんがため、ここに来臨あり。故にこの挙は形而下のこと〔モノノカタチノデキテヨリ〕と見るものあるべしといえども、その実は形而上の理〔モノノカタチノデキヌマエ〕に関わりて、人心の一致和平を輔《たす》け、四海一家ともに、太平の楽を饗《う》くべき一端をなすものというべし。万国の民人各ここに聚会《しゅうかい》せるより、互いに相尊崇することを知り、互いに相怨怒《えんど》〔ウラミイカル〕することを忘れ、己の国の富盛は、すなわち他国の富盛を助くる、いわゆる百事の道理を辨《わきま》え、全地球上、凡有《ぼんゆう》の物華《ぶっか》〔サカンナルモノ〕、天宝《てんぽう》〔ヨノタカラ〕、ことごとくここに聚観《しゅうかん》することとなれば、今ここに千八百六十七年の博覧会は、実にこれをユニヴェルセール〈全世界に行なわれたるという意〉というて不可なかるべし」

このときナポレオン三世は、世界の中心にあって、最も自負心に富み、また得意の絶頂にあったと思われる。

「万民、開化の階梯《かいてい》たること、朕もっとも期《き》するところにして、皇天幸いに、その運を輔《たす》け宝祚《ほうそ》〔帝位〕を永久に保持し、国人を安寧にし、人心、慈愛の源を闢《ひら》き、道心、正理の捷《しょう》〔チカミチ〕を報ずるに至ること、朕、敢えてこれに任ぜり」

このとき、日本からの出品物もグランプリをとっている。生糸、漆器、和紙などだが、それは世界中に日本の工芸品の素晴らしさを宣伝することになった。

二年後にナポレオン三世を襲った運命

そのころ渋沢は新聞なるものに興味を持ち、努めてそれを見ることとし、必要な箇所は翻訳してもらっていた。『航西日記』の七月二十三日の項には、「上海に刊行せる支那文の新聞紙」の記事として、次のようなことを転載している。それは米人ドクトル・マクゴウワンなる人物が、「日本人が遊惰で淫楽に耽る民であり、人口も減り今後衰退に向かうべし」との説を唱えたのに対し、ある日本人が敢然とそれに反論して次のように書いているというのだ。

「近来日本人、西洋の発明を仮用ゆることにおいて力を尽くし、その知能、事実に見るるを見るに、すでに千八百五十九年、港を開けるより以来、日本政府及び大名等にて買い来たせし欧州風の船八十艘、蒸気船その数多あり、かつその蒸気船上には士官、水夫とも、まったく日本人のみにして能くこれを使用せり、（略）いままで買い入れたる船の価、メキシコドルラル七百五十万余、すなわちおおよそ百二十万ポンドばかりを費したり。これによりてこれを観れば、日本は近く衰弱すべき人種にはあらず、かつて航海を好める時は、支那およびマレーの海岸、しかのみならず、印度海、太平洋を越す。アメリカの西岸までも達せし古俗に復し、再び盛んなるべきを徴せり。また日本人長崎において、その蒸気船を修復すべき為め、大費をいとわず工作場を築造せり」

これを書いた日本人は誰かはっきりしないが、船の数や投資額総額もあげているところをみると、それなりの根拠があってのことであろう。渋沢としても快哉《かいさい》を叫んで読んだにちがいない。


この年、万国博覧会の開催された一八六七年は、おそらくナポレオン三世にとっても、最も華やかな最後の時期だったのだろう。産業革命やパリ大改造を成し遂げて、皇帝はむろん市民も自信に溢れて「勤勉のエポック」とも称された。また一方では皇帝自身の好色ぶりも一際派手だっただけに市民もその影響を受けてか「快楽のエポック」ともいわれ、街には沸き立つような雰囲気があったのであろう。

しかし、それはまた「満ちれば欠くる世のならい」で、すでに当時、そこここに暗い影も兆《きざ》していた。この時期、ナポレオン三世の傀儡《かいらい》ともいうべきメキシコの帝位にあったマキシミリアンが暗殺されているし、パリ大改造の立役者だった盟友のセーヌ県知事オウスマンの錬金術も限界に迫っていた。

そして、わずか二年の後には、プロシャの鉄血宰相ビスマルクの電撃的な攻撃を受け、まさかの敗戦を喫し、あえなく皇帝自ら屈辱的な虜囚の憂き目にあうのだ。それはまるで徳川の将軍慶喜が、薩長の田舎侍にその座を追われたのと一脈通じるものがあった。ナポレオン三世は迫り来る落日のことを予感したのか、最後の花火をあげるかのように豪華絢爛に振る舞っていた。

「プリンス昭武」の欧州旅行もまた、徳川幕府の最後の残照だったといえるだろう。渋沢は、たまたまその東西の歴史的な場面に立ち会ったことになる。大きな時代の変わり目に遭遇し、青年・渋沢はその只中で貴重な経験を積んでいくのだ。

五章　大君の使節、欧州五ヵ国巡歴

貧乏使節団、苦肉の資金調達

万博関連の主たる公式行事が終わり、各国の王侯貴族たちも相次いで帰国する中で、昭武公子らも次の用務にとりかかる。それは親善使節として、条約締結国を回ることである。今回の「大君の使節」は、各国に日本国代表としての徳川将軍の存在を、しっかり認識させる好機でもあった。

しかし、この使節団、懐《ふところ》事情がまことに寂しい。まるで片道切符で出国してきたようなもので、日本を出るとき五万ドルを持参したのだが、パリ滞在二ヵ月で、ほとんど遣ってしまった。勘定奉行の小栗忠順《おぐりただまさ》（上野介《こうずけのすけ》）の考えでは、フランスから六〇〇万ドルを借りて、滞在費用はその中から支弁するつもりだった。それは上海にあるフランスのメサジュリ・アンペリアル社に外債の募集を依頼し、その支社長クレーが請け負うことになっていたのだが、パリでいざ募集をかけたところ受け手がなく、宙に浮いてしまっていたのだ。

だから、七月十八日（八月十七日）には、向山公使が江戸の小栗に電報を打ち、送金を促している。が、そのころの電信はアメリカ経由でサンフランシスコまで行き、そこから横浜までは船便なので四〇日くらいはかかった。やむなくフリュリ・エラールとクレーから三万ドルを融通してもらって、ようやく急場をしのぐ有様だった。グランドホテルを引きあげ、

「ベルゴレーズ館」という館に移ったものの、それにもかなりの費用がかかった。大君の弟ということで体面を保つ必要があり、何事につけ出費が嵩《かさ》んだのである。

向山はやむなくエラールとクレーにさらに一〇万ドルの借金を申し入れるのだが、断られてしまう。エラールは窮状を察して、各国への訪問中止をすすめたが、すでに各国へ連絡済みでもあり、いまさら中止するわけにもいかない。

そこで公使以下が集まって相談したところ、田辺太一が一案を考えついた。昭武の身分からして、懇意にしている英国のオリエンタル銀行やオランダの商事会社に頼めば、相応の金は融通してくれるのではないかということである。

そこで早速、在英と在オランダの留学生代表に手紙を出す。このころ外務省の出先機関はどこにもなく、留学生の代表がその役をしていたのだ。オランダは内田恒次郎《うちだつねじろう》（または赤松大三郎《あかまつだいざぶろう》）、イギリスは川路太郎《かわじたろう》である。その結果、オリエンタル銀行から五〇〇〇ポンド（一三万七〇〇〇フラン）を、オランダの軍艦製造を依頼している商社からは「万事お差し支えなき様に計らいましょう」との返事をもらった。そこで向山と渋沢がアムステルダムまで出向き、五万ドル（二七万五〇〇〇フラン）を借り受けることになる。

こうしてなんとか資金繰りがつき、一行は、いよいよ各国巡歴に出かけることになる。

まず、スイス、オランダ、ベルギーと回覧し、一度パリに戻ったあと、イタリア、イギリスを訪ねる日程だ。その他、プロシャ、ロシア、ポルトガルなども条約締結国だが、本国からの中止要請もあり、こちらは取りやめになった。

スイスの民兵制度と自主独立精神に感銘

八月六日（九月三日）、一行はパリを発ち各国回覧の旅へ出発する。随伴するのは、正使の向山、副使格の山高、それに書記官として保科、田辺、山内、箕作がつく。公子のお付きとしては、渋沢、それに医者の高松、水戸藩からの随行者四人。他に、通訳も兼ねてシーボルト、キース、アンリー（フランス人の小使い）、計一八名である。

もっともその前に渋沢は一仕事しなくてはならなかった。というのは、水戸からついてきていた七人の扱いである。向山や山高は、お付きがゾロゾロついていくのは時代後れであり見ためも悪いとのことで、西洋風に小人数の供揃いで巡覧したかった。ところが公子守護を絶対とする水戸藩の武士たちはぜひとも随行していくと言い張る、そこで半数でよいという上層部と真っ向から対立した。水戸藩の連中は聞く耳を持たない。困り果てた末に、渋沢に説得役のお鉢が回ってきた。

「わかりました」と渋沢は引き受けた、かねて予想した事態でもあり、策も考えていた。渋沢は七人を前にしていう。

「御用が聞けぬならここから帰国するほかなかろう。私が日本まで送りましょう。でなければ、半分だけ随行し、半分はパリで留守を守りフランス語の勉強をする」

すったもんだの末、水戸組も「ここで帰国するのは本意ではない、半分はパリに残る」ということで決着がついた。

八月七日（九月四日）、一行はスイスの首都ベルンに着いた。見晴らしのいいグランドホテル・ベルネルホフに宿泊する。翌日には大統領の謁見があり、九日（九月六日）には近傍のツーンで軍事大演習を見ることになる。それは歩兵、騎兵三〇〇〇人という規模で、整頓行軍の駆け引きから攻撃襲討の挙動まで、「その指揮周旋、綿密にしてもっとも自在なり」であった。

ここで渋沢はスイスの「民兵制」に興味を持ち、次のように書いている。

「この調兵、すべて農兵にて、僅か一ヶ月ほどの調練にして整えりという。国内の調兵の法は、農にとりて、農事を妨げず。その約を緩《ゆるやか》にして、その能を尽くさしむるを、政体の要とす。故に小国といえども、挙国二十万の、臨時護国兵あり。その法、簡易、軽便にて、少しく粛整を欠くといえども、その勇敢なる却《かえ》って、他の月督日課の兵に優るという」

栄一はある意味で自ら志願の農兵であったし、一橋家に仕えたとき歩兵取立御用係となり、にわかに民兵を組織したことがある。その経験があっただけに、このスイスの民兵の調練は頗《すこぶ》る興味深いものだったはずである。スイスはあくまでも専守防衛で、事あれば民兵が立って国を守る、この自主独立の精神と姿勢に大いなる感銘を覚えた。

その後、「好景楼」という客舎に誘われ饗応にあずかっている。このあたりはスイスでも有数の景色のいい場所であり、そこにゲストハウスかレストランかの楼閣があったのであろう。その後富豪の別荘にも案内されているが、そこの眺望がまた素晴らしく、栄一は次のように記している。

「楼上湖水を臨み、水碧、砂白、四囲山巒、蒼々として黛眉《たいび》を列し、ヨングフロウという、山白雲高く擎《ささ》げ、積雪不断ありて、銀《しろがね》の如く、天際に突立し、その直径一里余もあるべく、我邦の富士よりも少し優りて高からんと思わる。諸山、裙辺《くんぺん》〔スソノアタリ〕に連なり、あたかも緑児《ろくじ》〔ミドリゴ〕の白頭翁を慕うに似たり。スイス中の最佳勝なりという。宅の主人、杖によりて、老病を扶《たす》け迎送をなして敬礼を尽くせり。頗《すこぶ》る非凡の体相《ていそう》ありて、いと殊勝に見ゆ」

これはもう詩と画の世界である。本人もまた、この風光明媚な山国の光景に、ひととき心を遊ばせ、あるいはかつての信州への詩作の旅を想起したかもしれない。

　また、スイスが精密工業の産地であり、時計や電信という最先端の技術ですぐれていることに感心する。これはパリの万博会場でも同じ感想を持ったのだが、それを現地の工場で確かめるかたちになった。

　それから十一日（九月八日）にはジュネーブに赴き、ホテルメトロポールに投宿する。そして、市街や時計工場を見学して再びベルンに戻る。

　このころ、新任の公使として派遣されてきた栗本安芸守が宿に訪ねてくる。使節一行がスイスにいることを知ってマルセイユから直行してきたのだ、慶喜公からの手紙を持参している。そこには「博覧会の要務が終わったら、各国を訪れるのはしばらく見合わせて、学業に専念するように」と書いてあった。その夜、公子をふくめ本国からの指令にどう対応するかが議論された。ただ、旅はすでに始まっているし訪問先の国にも通知済みである。資金の手当てもついたことだし、断然継続すべしという結論になった。

　さらに、もう一つの難題が惹起していた。万国博覧会における薩摩の「琉球国」問題である。これは万国博に薩摩が単独で出品し「琉球国」の看板を掲げてあたかも独立国のように振る舞っていた事件である。在パリのレオン・ロッシュからの情報では、薩摩と結んだモンブラン伯爵（ベルギーの貴族で大の親日家）の奸計により、新聞その他に「徳川は大名の一つに過ぎず、日本国を代表する政府ではない」との風説をさかんに流しているというのだ。これは徳川幕府の権威にかかわることで放ってはおけない。待ったなしの対応が必要だと、向山と栗本らは、直ちにパリに急行することになった。

そこで、公子一行はにわかに小人数となり、次の訪問地オランダに向かうことになる。

ベルギー国王じきじきの「売り込み」

十七日（九月十四日）、プロシャのダルムシュタット、マインツを経て、ボンに到着し一泊。翌日十八日（九月十五日）には、オランダ王国の首都・ハーグに着いて、ベルビューホテルに投宿する。そして早速、国民議会や鉄器工場、連隊などを見学、国王ウイレム三世に謁見する。

それから数日、同国に滞在して、デン・ヘルダーの軍港を視察、そしてアムステルダムを訪問し、ダイヤモンド研磨工場、海軍造船所、博物館などを見学する。

二十四日（九月二十一日）にはライデンにあるフランツ・フォン・シーボルトの別荘「日

本」も訪ねている。

オランダはさすがに日本と馴染みが深い国なので、官民あげての歓迎ぶりだった。それにどこか心がこもっており、渋沢も大いに感じ入ったようだ。

「この国は各国と異なり、御国と年久しく和親を通じ交易をなし、遂に信義を失わず。かつ千八百年の初め仏蘭西のナポレオンに侵撃せられ、国ほとんど淪滅《りんめつ》し、東洋所々属国にも本国の威権行なわれず、港々にもその国旗を建てるを得ざる程なりしが、僅かに本邦長崎港のみ、依然国旗を掲げるを得たりしかば、永く是を徳とし、常に御国の信義を忘却せずという。その交誼久しきを経て衰えざる感ずべし」(『航西日記』)

二十七日(九月二十四日)、ハーグを発ち、ベルギーに向かう。宿泊先はブラッセルのホテル、ベルビュー・エ・ド・フランドルである。

二十八日(九月二十五日)には国王レオポルド二世に謁見する。ここで渋沢は意外な光景に驚く。というのは、国王が挨拶の中で、文明社会における鉄の重要性を説き、さらにはベルギーの生産する鉄の良さを吹聴して、日本に売り込みをはかったからである。日本では王様が商売や金銭のことに言及することはありえない。それなのに、国王ともあろう人が町人のように鉄の売り込みをはかったのだ。これは渋沢に強烈な印象を与えた。日本でいえば、まるで孝明天皇や慶喜公が、欧米人に生糸の売り込みをはかるようなものであり、大いなる違和感を覚えたからである。

一行は一〇日ばかりもベルギーに滞在し、アントワープ、リエージュなど訪ね、陸軍学校、兵器工場、要塞、製鉄所、武器庫、汽車工場、ガラス工場などを見学する。この見学先を見ると、一八六二年に当時の竹内《たけうち》使節団に随って福沢諭吉が見た場所とも、一八七三年に岩倉《いわくら》使節団が訪れたときの見学先とも、ほぼ同じであることがわかる。そして、九月六日(十月三日)には国王より狩猟に招待されている。

こうして十二日(十月九日)には、一ヵ月半ぶりにパリに戻った。

イタリアと日本、国情の共通項

そして一行はしばらくパリで過ごす。この間、公子は乗馬や射撃の稽古をし、時に博覧会を見る。約一週間ののち、今度はイタリアに向かう。

そのころはまだアルプスを越えていく鉄路はなかった。モンスニのトンネル工事も進捗中で、まだ開通は先だった。そこで旅人は、北のサンミッシェルから南のスーザまで、馬または徒歩で行くしかなかった。それはまるで箱根や木曾山中を越えていくような感じであった。一行は乗り合い馬車を利用するのだが、難渋をきわめたようだ。その様子は次のように記録されている。

「サンミセールよりスーザまで、馬車の馬を替える六次、その始めは二匹四匹、または六匹、中は八匹、険路にいたりては、十二匹を駕す。その難険知るべし」

しかし、アルプスの山脈を越えていく感慨は、特別なものがあった。

「山行いよいよ深くして道路ますます険なり。その危巌絶壁石磴《せきとう》〔イシダン〕縈委《えいい》するにいたりては、車を棄て徒行攀登《とこうはんとう》〔カチニテヨジ〕して絶巓《ぜつてん》に達すれば、雲雷を足下にふみ、星斗を頂上に捫《もん》す。中腹には処々宿雪斑《はん》々として、頗《すこぶ》る攀躋《はんせい》（よじのぼること）の渇《かわき》を医するに足る。嶺頭に人家二、三軒あり、馬を代わらしめ、または、鉄軌《てつどう》工人の憩宿するところなりという。（略）その嶺を下らんとする傍に石柱あり、仏蘭西伊太利の境界なり」

栄一の漢字、語彙の豊富なことは驚くばかりである。漢詩をよほど勉強していたせいか、名著とされる久米邦武《くめくにたけ》の岩倉使節団の記録『米欧回覧実記』の語彙に匹敵し、後世の読者は難儀を強いられる。

二十一日（十月十八日）、山宿ホテル・ド・ポストに投宿する。ここはすごくみすぼらしい宿だったようだ。やっと山を越えてスーザに着き、そこから汽車でトリノに向かう。トリノでは、ホテル・ドウロップに投宿する。そして翌日は、王宮、博物館など見学する。

二十四日（十月二十一日）には、首都フィレンツェに向かい、グランドホテル・デ・ペイに投宿する。次の日、国王の離宮を見学、二十六日（十月二十三日）には政庁、大聖堂など見、二十七日（十月二十四日）に国王ヴィットリオ・エマニュエル二世に謁見する。

当時のイタリアは統一したといっても未完の状況で、ローマはまだヴァチカンの支配下にあって、カトリックの守護者を任じるナポレオン三世の支援で、頑強に抵抗していた。したがって、当初の首都はフィレンツェにおかれていて、ローマをエマニュエル二世が攻略したのは、ナポレオン三世がプロシャとの戦いに敗れてからである。政権いまだ確かならざるイタリアにとっては、いささか迷惑な賓客であったかもしれず、また日本側としてもあまり気乗りのしない旅であった。それでも一行は、フィレンツェをベースにミラノやピサも訪れて、名所旧跡をまわっている。

渋沢の記録には、革命の士ガリバルディーのことがいろいろ書かれている。ローマ奪回を意図してフランスとも全面戦争を辞せずというガリバルディーに対し、現国王のエマニュエル二世が強硬に反対して大いに議論が紛糾したといい、意外とイタリアが、幕府と薩長が京を奪い合う日本の国情と同じような事情であることを感じたのかもしれない。

使節一行がマルタ島に赴《おもむ》いた理由

一行はいったんパリに帰るのかと思うと、リボルノという港から、地中海上の英国領マルタ島へ行くことになった。これには裏事情があって、英仏の外交戦略のせめぎあいがここに噴出したと解していい。

フランスはロッシュを通じて幕府に接近し、今回の万博招聘もその外交の一環だった。それに対して英国は薩摩や長州に肩入れして幕府とはいささか距離がある。しかし、本音はフランスに対抗して、なんとか幕府へも食い込みたいのだ。とくに英国の外務次官ハモンドはそのこともあってシーボルトを昭武一行に随伴せしめた。シーボルトは如才なく使節団首脳に食い込み、最初は横浜からパリまでのはずだったのが、その後も各国の巡遊にまでついてきている。そして向山、山高をはじめ公子とも親しくなり、一行をだんだん英国よりの考えに変えさせているところがある。

向山、山高にしてみれば、フランスは万博では歓迎してくれたものの、万事派手好みで武士の気風にはあわず、その上、頼みとした肝心の借金には応じてくれず甚だ難儀したことがあって、だんだん気持ちが離れてきている。それを奇貨として英国は一行をマルタ島に誘い、公子や山高の歓心を買おうというわけである。

リボルノ港で待っていた船は大きな軍艦で、各国の旗が並ぶ中、日本の国旗を最上部にはためかせ、士官はみな礼服、乗組員は楽士兵卒みな敬礼し、楽を奏し銃を捧げて歓迎の意を表した。イタリアの対応ぶりがどこかのんびりと気がぬけて感じられるところへ、このキビキビとした英国の接待ぶりは、一行に好感をもって迎えられた。

マルタ島は英国の軍事要塞であり、軍艦島ともいえる場所である。ここにわざわざ招待したのは英国の軍事力を誇示するねらいもあったのであろうが、昭武の好みが軍事にあるというシーボルトからの情報もあってのことだと思われる。そして、四、五日のマルタ島滞在中、城塞、砲台、新造艦、観兵式などに案内する。どこでも国賓待遇のもてなしが続いた。艦長は海上に浮き目標をしつらえ大砲の試射をしたり、昼は見学、夜は饗応といたれりつくせりの応接をした。

フランスの応接ぶりが宮廷風の華やかさで儀礼に偏る風なのに対し、英国は質実剛健で実質本位であり、徳川の武士的気質にはその方が馴染みがよかったともいえる。一行は大いに気をよくしてマルタ島を後にする。

しかし、その航海中の真夜中、大音響とともに事故が起こり、蒸気機関が作動不能になってしまった。そこからは帆走でしか動けず、艦長はマルタまで戻るか、マルセーユまでそのまま行くか迷った。そこで昭武公子に謝罪すると同時にお伺いをたててきた。そのとき、お付きに山高がいたはずだが、どうやら渋沢が采配したらしく、そのときのことを次のように語っている（『昔夢会筆記』）。

「船長が参って、甚だ残念のことであるけれども、こういうわけでありますから、どうしても引き返すほかない。（略）ただし今のところでは、風の順がマルセイユに行くほうがよろしいのだから、帆を用いて行けば行かれぬことはない。しかし風帆で行くとすれば三日も四日もかかるだろうと思うからして、（略）向後の進退をどういたしたらよろしいか、お指図を請《こ》いたい」

そこで、渋沢は公子に「こういう場合はなるべく勇気を出してお答えにならなければなりませぬ」と入れ知恵したらしく、公子はこう答えたという。

「この船に乗るときに、我々は船に生命を託してあるのだ、もうどうしようとも、艦長がよろしいと思うとおりになさい。こっちから指図はいたしませぬ。いやしくも我々を乗せる以上は、それだけのお考えがあって乗せたことであろうから、機関が動かぬでも何でも構わぬ、半年でも一年でも一向厭《いと》うところではござらぬ」

まあ、これには脚色がありそうだが、それに近いことをいったらしい。すると、

「艦長および士官一同はたいへん喜びまして、それならば（略）どうぞこの船で遣《や》っていただきたい、いかに出来事があったにしたところで、別に船体に故障があるわけでないから、日がかかるだけで四、五日のうちには必ずマルセーユに着くに相違ない、そうしていただけば我々は本望である。この船で行かぬということになると、実にこの上もない不名誉であるけれども、（略）任せるとおっしゃればそう願いたい」

後年、渋沢が娘（市河晴子）に語ったところによると「艦長が両手を挙げて、日本の武士の心を目の前にみた」といったという。

しかし、海は荒れるし、時間はかかる、船の側はいろいろご馳走したり、夜には水夫の踊りを見せたりしたが、渋沢はとくに船酔いする質でもあり、よせばよかったと思ったとも述懐している。

ロンドンでヴィクトリア女王に謁見

一行はいったんパリに戻り、一〇日ばかり過ごしてから、十一月六日（十二月一日）、英国に向かう。懐《ふところ》はさびしくとも、英国はぜひとも行かなくてはならない。向山公使も含め一七人、まず、汽車でカレーまでいき、ホテル・ド・デッサンに投宿する。そこから海峡をフエリーボートで渡りドーバーの港に着くと、二一発の祝砲が鳴り響き、捧《ささ》げ銃《つつ》の兵隊が整列し、楽隊が賑やかに演奏する中、在英中の接待係を命じられたエドワルド大尉が迎えに出た。そして、日本の貴人を迎えるというので、町民の代表が歓迎文を読みあげた。渋沢にとってはこれは驚くべきことで、後年こう語っている。

「なんでも西洋のこの風習は、町の入口で、その入ってくる人に敬意を表し、町を自由に視察するための鍵を与えるというような意味で、尊い人に礼儀を尽くすものだそうであります」

栄一はすっかり感心し、なるほど町民もこうあらねばと思ったという（『竜門雑誌』）。

それから特別仕立ての列車でロンドンに向かう。ロンドンではクラリッジホテルに投宿するのだが、英国の配慮は金銭にも及んでいた。

「この客舎（ホテル）は、招請のために設《しつら》えて、その余滞留中賄《まかないがた》方万事、国王より命じ置かれし由、かつ購雇の士官シーボルトは（略）わが公使滞在中は、同国より命じて付属せしむるとなり」（『航西日記』）

すべては招待扱いだから、ご心配には及ばないというのだ。一行にとって、また財布を預かる渋沢にとって、何よりもありがたい配慮だった。

八日（十二月三日）には英国留学生代表・川路太郎が来たり、スタンリー外相自ら挨拶のため来訪する。それから、ちょうど開会中だからと、その日の内に国会議事堂へ案内された。九日（十二月四日）には早々とウインザー城に参上して、ヴィクトリア女王に謁見する。ウインザー駅には女王さしまわしの馬車が三輛待機していて、礼式にかなった手順で謁見を受け、茶菓の接待も受けて退出した。形式的なものであったけれど、流れるように事がすすんでいく。

そしてその後の数日は、ロンドンにあって、あちこち見学することに費した。十日（十二月五日）には、新聞社のタイムズ社を訪ねる。これは栄一にとって大きな収穫だった。『航西日記』にはこうある。

「この新聞紙局は、欧州第一の大局にして、その刻板至って精密にして、文体はまた簡易なり。一日四十人にて、二時間十四万枚余の紙数を摺り出し、毎日諸方へひさぐ。その器械甚だ巧みにしてかつ弁利なり」

十一日（十二月六日）にはウールリッジの王立造兵工廠など見学、翌日は図書館、外務省、海軍省を見て回る。さらにその翌日は、郊外にある名所、クリスタルパレスの見学である。これは、一八五一年にロンドンで開催された世界初の万国博覧会の会場で、その鉄とガラスによる大建築が移築されて遊園地のようになっていたのだ。

それから十一月十五日（十二月十日）、イングランド銀行を訪れる。特別区域シティの真ん中にある堂々たる石造の建築である。その機能は、政府の両替局、金銀貨幣拭改の場、および貯所、地金積置場、紙幣製作所などであった。

渋沢もここは関心が深いから、『航西日記』の記述にも熱が入っている。

「場所広大にて、製作の方頗《すこぶ》る簡易軽便。かつ厳粛なり。金銀の貯蓄せる苑も阜坵《ふきゆう》の如く。小鉄車にて地金を運搬し、造幣局は地金の鎔陶より板金の製法、および円形圧裁する器械、幣面の模様を印出する方、輪縁の鐫刻《せんこく》より、造作せし貨幣の分量権衡の検査等、また紙幣の製造、究めて精緻にて、方法もまた厳密なり。総て順次に局を分かち、その器械を陳列し、細大至らざるところなし。これらを見ても国の富庶なる推知すべし」

このあと海軍基地ともいうべきポーツマスにも行き、オールダショットでは陸軍の軍事演習も見ている。そのあとはテームズ沿いの造船所を見たりして、英国の視察を終えている。

これを見ると見学先が軍事関係に集中していることに気づく。これは英国側が軍人志望の昭武公子に合わせて配慮したものであろう。渋沢の興味からいえば、諸産業や交通通信関連施設を見たかったと思うし、英国側としてもそれを見せたかったであろう。が、渋沢の日記には実に詳しい記録が淡々と記されていて、驚きを禁じ得ない。職務に忠実だったことが第一だろうが、その観察力と文筆力は一級のものであることを証明している。

二十一日（十二月十六日）、ロンドンを発ち帰途に就く。そして二十二日（十二月十七日）にはパリに帰着している。

やれやれ公務は終わった、という感じだったろう。この種の視察は、最初は興味津々《しんしん》だが、そのうち同じようなところをこれでもかこれでもかと見せられるし、夜は夜で会食や観劇やいろいろな接待があるから、それにも応じなくてはならない。ご馳走も度が過ぎると苦痛になるものであり、スイスに始まり英国に終わった巡遊の旅は、実りも多かったろうが、疲れる旅であったにちがいない。延べにすると三ヵ月以上の長旅だったことになる。

六章　「ペルゴレーズ館」での学びの日々

留学生活の始まり

さて、肩の張る各国の公式訪問が終わって、いよいよ私的な留学生活が始まる。

昭武も古い装束を脱ぎ捨てて髪を切り、洋装になる。渋沢も気分一新ではりきっている。『雨夜譚』からそのあたりの状況をのぞいてみよう。

「サア、これからは最初の目的の通り、修学一途ということで、語学の教師を雇い入れて、稽古を始めることになった。その人々は公子と山高と自分と、かの七人の扈従《こじゆう》の者で、都合十人であったが、助教師には随員中の山内文二郎(ママ)という人があって、日本語で仏語の翻訳をしていたが、この山内もほどなく帰朝したによって、その後は、そのころ仏国留学生の中で小出涌之助という少年が最も仏語をよく解するので、これを公子のお相手に命じた」

語学教師といってもフランス人は日本語が全然わからないので、日本人も補助に必要だった。栄一はパリに来てから一ヵ月くらいでフランス語を習い始めている。しかし、その後各国巡遊の間は、その勉強も途切れてしまったから、心機一転、再始動という感じだったのであろう。

「さて、公子の修学課程というは、毎朝七時から乗馬の稽古に往《ゆ》かれて、九時に帰館になって朝食をしまわれると、九時半に教師が来る。それから午後三時まで語学や文法などの稽古をして、（略）また翌日の下読み、作文、暗誦などという都合で、なかなか余暇はありませなんだ」

乗馬は身体をつくる意味でも重要視されている教科で、公子自身も好きなようであった。それに射撃、画学、礼式というのがあって、それぞれに教師がつく。だからびっしり詰まったカリキュラムであり、なかなかの勉強ぶりである。

政府高官と一介の商人が対等に口をきく衝撃

その間、渋沢はどうしているかといえば、日本へ出す書状や日記、その他宿舎に関する雑事は一切引き受けているから、引っ越したころは、なかなか一服する暇もない状況だった。しかし、それも当座のことで、落ち着いてからは、かなり時間もできたであろう。

そのうち、山高にも帰国命令が来たので御傅役《ふやく》もいなくなり、「公子に属する事務官は自分の独任」となった。問題は七人の水戸組だが、一応留学生並みに勉強ということになっている。が、毎日どうしていたのか。そのうち二人が病気になったというので帰国させることになる。護衛の仕事もなく、意にそわぬ勉強では鬱病になってもおかしくない。こうして、公子、渋沢、小出、それに五人の水戸組の世帯になった。

もっとも、この他に重要人物がいる。かの陸軍中佐のヴィレットである。この人は四十五歳、館に夫人とともに住み込み、ご教育係としてなかなかうるさい存在になった。

それからもう一人、名誉総領事を委嘱しているフリュリ・エラールで、この人は事務関係の顧問という役柄である。この人物についてはパリの銀行家というだけで生没年さえわからなかったが、鹿島茂氏の苦心の調査の結果、いろいろなことが明らかになってきた。

それによると、姓名はポール・フリュリ・エラールで、一八二六年生まれの当時三十一歳、二代続く銀行のオーナーであり、フランス外務省の御用達でもあった。その関係で外務省の高官と親交があり、日仏の交易が始まると何かと世話をやく関係になった。おそらく日本とのビジネスに興味を持ったのであろう、横須賀製鉄所の創業事務もこの人に委嘱していた。昭武一行がマルセイユに着いたときも、パリからわざわざ迎えに出ていたし、幕末以来の日仏の通商促進や借款交渉において、実務上で大いに働きのあった人物である。

渋沢とは年齢も近く、好感の持てる人物であり、職業柄、経済金融知識にも精通していたので、この人からいろいろ教わったようだ。その意味では渋沢の実務上の個人教師といってよく、この人の影響はきわめて大きかったと察せられる。

そうした環境だったから、おのずからヴィレットやフリュリ・エラールとは一緒になることが少なくなかった。そこで渋沢が不思議に思ったのは、日本ではとても考えられないような光景だった。『竜門雑誌』の渋沢自身の言葉から要約すればこうなる。

「この度の公子留学にあたっては、将軍慶喜からナポレオン三世に相応の教育係をつけてくれと依頼した経緯があり、ヴィレット中佐が指名されたのです。この人は相当の身柄の人で、公子の勉学についてはなかなか権力があったものです。それから日常の世話については フロリヘラルド（フリュリ・エラールはオランダ語読みをするとこの発音になる）という人を、日本政府から名誉領事として委嘱し、会計も含め面倒をみてもらったのです。実際の実務は私がするのですが、いろいろ相談にのってもらい、助けてもらいました。この人は私立銀行を持っている有力者でした」

そこでこの二人の接するのを見ていると上下の感覚がない。武士社会の慣習からすると、一方は政府の高官、軍人であるのに対して、一方は商人、町人である。徳川の体制下では、役人には大商人といえども平身低頭が当たり前である。ところがこのフランスの役人と町人はほとんど同等で、ややもすると町人の方が鄭重に扱われている。

「日本の例でいうと町人は必ずお役人様の命令に唯々諾々だが、この二人の相接する実際の模様を見ると——私もいくらかフランス語がわかるようになったので、側で聞いていると

――ほとんど区別がない。その二人の間に毫《ごう》も尊卑上下の区別がない。その有様を見て私は深く感じたのです。なるほど、こうなくてはならない。日本の例で言えば町人はいくら賢くてもお役人様の思召《おぼしめし》次第、事によると曲がったことがよくなってしまう。甚だしきは鷺を烏と無理な押しつけをされることが、いくらもある。しかるにフランスにはそんな弊害はない。国民全体が平等で、役人なるが故に威張るということがない。これが本当であるべきであるのに、日本の従来の有様はそうでない。日本のこの有様は改良せねばならぬ。この風習だけは日本に移したいものであると深く感じたのです」(『竜門雑誌』)

さて、この門閥制度、身分社会の桎梏《しっこく》をいかにぶち破るか、その具体的方法は何かと渋沢は必死に考える。そして気がついたのが、西洋社会で広く行なわれている合本組織、つまり株式会社であり、各種の会所に類するものであった。

これに関して、後年あるところで、渋沢はこう述懐している。

「約二ヵ年、フランスに滞在した間、またその間イギリス、イタリア、ベルギー、オランダ、スイスなどを巡覧した時に、最も感じたのは、事業が合本組織で発展していることと、官民の接触する有様が頗《すこぶ》る親密であることであって、一面からは合本組織で商工業が発達すれば、自然商工業者の地位が上がって官民の間が接近して来るであろうと思った」(『竜門雑誌』）

民業を盛んにし、商工業者の地位を上げていく。そうすることで「官尊民卑」の悪習を打破していくしかない。そういう考えが渋沢の胸中でだんだん大きく育っていくのだ。

フランス士官との決闘騒ぎ

そうこうするうちに、その中佐と衝突することができてしまった。というのは、この人物、ナポレオン三世をバックにしていることもあって、気位が高く、すべてに高圧的なところがある。それにフランスが何でも世界一だという自負があり高踏的なのだ。そして公子をフランス宮廷の皇太子なみに扱うことから、なにごとも派手で贅沢をいとわない。

渋沢としてはいろいろ不満があった。が、皇帝ご指名の教師だからずっと我慢していた。ところが、あるとき、堪忍袋の緒が切れてしまった。それは中佐が手持ちの剣付き鉄砲をひどく自慢したときである。その顚末を渋沢自身が娘の晴子に語っている記述があるので、紹介したい（市河晴子筆記）。

「あの剣付き鉄砲の剣が日本刀より武器としての価が多いといいだして、その威圧的ないいぶりの小憎《こにく》らしい上に、何しろ武士の魂をあんな剣に比べられたんだから、ぐっと腹が立ってね。聞き捨てならんと思って、『これはけしからん、日本の刀がどれほどの働きをいたすかをご存じもなくて、なんで比較ができましょう。おとなしく承《うけたまわ》っていればよいことにして、勝手なご批判片腹痛うござる』ときめつけたら、さあ、それが論判になってね。エエ、事によったら切ってしまえと思ってね」

なかなか物騒なことになってきた。

「あの朱鞘の太刀を引きつけてね、『論より証拠、あなたとここで、日本刀と剣付き鉄砲で雌雄を決して、どちらが効力が多いものか黒白をつけましょう』って立ち上がったものさ。ヴィレットも驚いただろうよ」

どうやら決闘騒ぎの様相である。

「いよいよ、リュエ、あっちでは決闘をリュエといいましたよ」

するとヴィレットがいった。

「『リュエをするとなれば手続きがいります。それは厭《いと》わないが、卑怯をいうのではないが、私もわが皇帝から民部様を御指導しろといいつけられた者、あんたも選ばれてはるばるお供してきた人、お互いにどちらにも怪我があっても賞めた話でない。こりゃどっちつかずに止めようではないか』といってね。それでもの別れになったけれど、こりゃ向こうの方がもっともさ」

まあ、これは、気合いで勝って、理屈で負けた、そんな具合であったろう。ヴィレット中佐が偉丈夫であったかどうかは知らないが、小兵で一五二・三センチしかなかったという栄一が、それに立ち向かった姿は想像するだに勇ましい。武士の刀に懸けて日本男児の士魂を見せ付けたのはいかにも痛快である。

国債、社債のからくりを学ぶ

さて、もう一人のフランス人、フリュリ・エラールは、まさに益友だった。というのは、公子一行の懐事情が苦しいのを察して、栄一に利殖の法までを教えてくれたからである。高《たか》橋《はし》邦《くに》太《た》郎《ろう》の著書『チョンマゲ大使海を行く』の中に、エラールと渋沢の間のやりとりについて次のような描写がある。

「ムシュー・シブサワ、あなたの手許に二万フランほど、お金の余裕はありませんか」

エラールが問いかける。

「二万フランですか。いくら金の工面で困っていても、そのくらいならまだありますが」と渋沢が応える。

「では、フランスの国債と鉄道会社の社債を買いなさい」。そうすれば年に四分や五分の利子はつくし、値上がりして利益が出るかもしれない、というのだ。

渋沢は、国債とか、鉄道債（社債）とはどのようなものか、聞いてみた。すると、国債はフランス国家が一般の国民から金を借りる意味で、社債とは大衆の金を集めて大規模な事業を起こすもの、国債は一年いくらの利子がつくし、社債は営業成績がよければ配当金が出る。それに現金が必要ならその時の相場でいつでも売ることもできる。安全性からいえば国債、利益性からいえば鉄道債が面白い。だから、一万フランで国債を買い、一万フランで鉄道債を買ったらどうか、というのだ。

渋沢の父親は田舎で金貸しもしていたくらいだから、金が金を生むことも知っている。また、スエズ運河については、あのような世界的な大工事が一般から集めた資金で事業化されていることを聞いて驚いた。パリの上下水道の工事にしたってたいへんな金がかかる。それも債券を売って調達していると聞く。前からそのからくりを知りたいと思っていた矢先だから、実際に売買して体験してみようという気持ちにもなった。そこで彼の進言にしたがって二万フランを投資することにしたのだ。

その後、幕府崩壊で急に帰国することになったとき、これを処分するのだが、そのときのことを渋沢は次のように語っている。

「買い入れておいた公債を売ったところ、国債の方は前に買い入れたときと変わらなかったが、鉄道債の方は相場が上がっていて、五、六百円も儲かった勘定になりました。このときなるほど公債というのは経済上便利なものであるとの感想を強くしました」

幕府崩壊でパリに投げ出された公子一行

さて話は戻るが、こんなことをしているうちに、パリの新聞にただならぬ記事が出た。日本で将軍慶喜が政権を返上したというのだ。誰も信じようとはしなかった。公使の栗本鋤雲《じょうん》もその一人だったが、渋沢はひょっとするとひょっとするぞと睨《にら》んだ。幕府の弱体を直感していたし、遠からず何らかの大乱が起きると予想していたからである。

そのうち鳥羽伏見《とばふしみ》で戦《いくさ》となり、幕府側は薩長の連合軍に敗れて、将軍慶喜は江戸に逃げ帰ったという記事が出た。本国からもそれらしいニュースが伝わってくるから、いよいよ本当らしいということになる。パリにいる連中はみな幕府からの派遣組である。その本家本元が倒産したも同然となれば、これは一大事だ。おのずから茫然自失の体となった。

もう、帰るところがない。仕送りも当然途絶える。なにしろ朝敵にされて討伐の対象になってしまったのだから、下手に帰ると捕縛されてしまうかもしれない。西洋流でいけば、亡命するしかない。少なくともフランス人ならそう考える。一同、途方にくれるという状況になった。

そこで栗本と話す中で、渋沢はこう論じている。

「実は自分も一月の下鳥羽戦争は予想の外に出て、余りといえば幕府が兵略に暗く、かつその所置の拙劣なることを悲憤慷慨しました。固《もと》より兵略など論評する身ではないけれど、すでに戦うという以上は、兵庫神戸など咽喉の地を扼《やく》せずして、ただ大阪のみを守り、そのうえ兵を京都に出して後先見ずに事を起こし、終《つい》に朝敵の名を受けるというは、拙策とやいわん、愚昧とやいわん、歯牙にもかからぬ話だ」と痛論した（『雨夜譚』）。

しかし、すでに事は終わり、遠い海の向こうの話であるから、「なにほど、切歯《せっし》しても扼《やく》腕《わん》しても、微《すこ》しの甲斐もありませなんだ」。

さあ、問題はどうするかである。このまま留学を続けるか、帰国するか。渋沢の考えは留学を継続すべしである。資金についても早くからやりくりして貯めた金があるから、二年や三年の学資はある。こんなときに帰ってもロクなことはないから、むしろ好機ととらえて一科一芸を修得し、身につけるまで留学を続けるべきだという考えである。むろん、渋沢自身についても、この際、公子のお世話をしながら経済や実業をしっかり学んでいきたいとの願望がある。

　そのころのことを渋沢は、概略このように書いている。

「そのうちにだんだん内国の種々なる騒動が聞こえてまいるというようなことになりまして、翌年の何月頃であったか、（略）東久世《ひがしくぜ》・伊達《だて》両公の名前で、民部公子に帰国しろということの通知がまいりました。しかし、私どもその時の考えは、あわてて帰ったところが仕方がないと思いましたから、その命令にはどこへ返事を出して宜しいか分からぬくらいですから、その時の外国方の方に、（略）その通りには出来かねるということを言って寄越したように覚えております」（『昔夢会筆記』）

　東久世・伊達というのは明治新政府の外務大臣という役柄であるが、とにかく万事草創のときで混乱しており、名前はそうでも誰が実権を握っているかも定かでなかった。

　渋沢はここで、慶喜公から公子へ届いた手紙について、内緒の話を披露している。

「その時にたぶん、御直書と思いました、御前（慶喜）から民部様へのお手紙がございました。（略）その御直書の趣旨は、政権を返上したのみならず、こういうことになったという大坂の顛末を概略お書き遊ばして、そうしてこの日本の将来を思うに、内輪の騒動をしておってはいけないから、それでよんどころなくこういうことにしたのだから、誤解をしてはいかぬぞ。せっかくその地へ出かけたことであるから、是非お前は留学の目的を十分達するようにしたい、私も次第によればちょうどペートルの故事に倣《なろ》うて、海外へ出かけるというくらいまでの希望を持っている、ゆえに内国の騒動によって、あわてて帰るというような考えをしてくれては困る、というような尊書のあらましだったことを覚えております」

ここでペートルの故事というのは、ロシア皇帝のピョートル一世のことで、若いときにオランダなど当時の先進国に留学して学び、封建的な体質のロシアを一躍近代的な大国に仕上げた故事のことである。

この時期の慶喜の苦衷は察しても余りあるものがある。聡明な慶喜のことだから、いろいろなケースを想定したに違いない。むろん自身の命も定かでなく、水戸藩の強硬分子が乱を起こすことも予想したであろう。昭武がいれば、その際必ず首領に担《かつ》ぎ上げられることは目に見えている。

渋沢はそうしたことも十分に考慮しながら、しばらくは静観をきめこむハラづもりだった。本国の大騒動をよそに、パリでの公子組は意外なほど静かに、日々いつものスケジュールで勉強に励んでいる。

七章　幕府崩壊、帰国へ

甘ったれ留学生たちへ渋沢が切ったタンカ

さて、本社倒産ともなれば支社の公使館はどうなるかといえば、三月十七日には栗本公使が帰国に決する。後任は新政府が決めるまで未定、現実には薩摩藩の英国密航組の一人鮫島《さめじま》尚信《なおのぶ》が明治三年（一八七〇年）に着任するまで空席になる。そこで四月二十四日（五月十六日）にはブローニュの森のレストランで送別会が開かれた。

参列者は残留側に、昭武公子、山高石見守、栗本貞次郎《ていじろう》（鋤雲の息子）、渋沢、小出、菊池、三輪、それに英国留学生の川路太郎が加わり八名、帰国組は栗本安芸守以下、高松凌雲や山内文次郎、それに水戸の大井、留学生の赤松大三郎など一〇名、その他、フランス側からヴィレット中佐、フリュリ・エラール、カション他五名、計二六名の大宴会となった。

どこか寂しさを伴う一会ではあったが、それぞれにとって実に感慨の深い一夜であったと思う。二十六日には栗本公使らが帰国の途についた。

パリには、いよいよ公子と渋沢だけが残った感じである。あとは水戸藩の用心棒二人と小使いの少年二人だけになった。公使館には連絡官や書記官クラスが数人残ったものと思われる。

栗本の帰国に際して、渋沢は、江戸に帰ったら公子の学費として五万ドルか一〇万ドルくらい工面して送金してくれるように頼んだ。栗本もそのことを了解して努力する約束をした。ところが帰国後、栗本から一向に返事がない。栗本も気にはなっていたが、国内事情はとてもそれどころではなく、不本意ながらそのままになってしまった。

そのうち在欧の留学生にも帰国命令が来た。が、帰りの船賃さえない。そこで、留学生たちも困って、在英代表の川路太郎が種々工面をする。ようやくロイドなる人物が面倒をみてくれることになったが、喜望峰まわりの貨物船に乗せて、横浜に着いたら船賃引き替えでないと上陸させないという条件だ。まるで着払いの荷物扱いである。

渋沢はこれを聞いて見ていられず、独断で公子の資金から融通して、彼らをちゃんとした船で送り返してやることにする。そのためにわざわざロンドンまで出張して船主とかけあったりしている。そんなこともあって帰国する留学生たち一四名がパリに集まってくる。しかし、宿賃もないくらいだから公子の館に泊めることにした。とはいってもベッドの数に余裕があるわけではないから、大部屋のフロアにごろ寝の次第とあいなった。

すると、学生の中で文句をいう奴が出た。まあ、秀才をうたわれ、最新の学問を修めたというプライドがあってか、それが鼻にかかってとんだ了見違いをしたのだ。それを耳にした渋沢は俄然怒りだした。苦心惨憺して面倒をみてやっているのに何といういい草か。怒り心頭に発したとはこのことだ。早速一同を集めてきつくお灸をすえた（以下、市河晴子筆記）。

「一体あんた方は今のお国元の事を何と思っておられるか。お国が大変で留学の送金が絶え、喜望峰まわりで帰されようとするのを、ともかくそうした惨めな目にあわないようにと計《はか》らってあげたこれを、只にあなた方の苦しさを救おうという猫っかわいがりから出たことだと自惚《うぬぼ》れていなさるなら、大きな間違いで」

心からハラが立っているから語気も激しい。

「荷物扱いで送り帰されたとあっては、日本の名誉にかかわると思えばこそ、当方でも今後お国元からどの程度に送金があるものやら、ないものやら知れず、現在握っているお金がどれほど大事なのか知れない中を融通してあげるので、私たちが僭越のそしりをも顧みないで計らってあげておる。そこらの意味も苦衷も御察し出来ないか」

一刀をひっさげて、えらい剣幕である。

「失礼ながら学問というものは、そんなものでないはずだ。ただ知識を多く集得しなさっただけで得々としておられるか、そんな思慮の足りぬ性根の腐った人を作ろうと、日本は苦しい中から留学生を派遣しなかったはずだ。私は日本のために嘆きます」

「ここで厭ならすぐさま出て行ってもらいましょう。お国の大乱のこのさい、よしんばどんなやわらかい床に寝られたにもせい、心には臥薪嘗胆《がしんしょうたん》のしめくくりがあってしかるべきだに、まして何のベッドの上で産まれやしまいし、わずかの歳月ヨーロッパの風に吹かれたと思うと、フロアの上もないものだ」

これを聞いてはみな一言もない。平身低頭ひたすら謝った。

「グズグズいったら、張り倒してやろうと思って飛びこんで行ったのだけれど、まあ謝ったので事が大きくならなかったんですよ」

というのである。

ここには林董《はやしただす》（後に英国大使、外務大臣）が筆頭で、といっても二十歳くらい、それに同年輩の外山正一《とやままさかず》（後に東大総長、文部大臣）、そして年少では十四、五歳くらいの菊池大麓《きくちだいろく》（後に東大総長）がいた。誰が文句をいった張本人かは知らないが、ノーテンキの自惚れ坊やが、こっぴどく叱られた一幕だった。

実家の父親に出した資金援助を求める手紙

さて、栗本に頼んだ金も当てにならぬと踏んで、渋沢は考えた。この際、国元の父親に頼んで留学費を出してもらおうというのだ。自分のではない、公子の分を、である。早速手紙を書いて送った。とても丁寧な達意の文章である。

いま手許にある資金でしばらくは心配がない。でもこの先のことを考えると心許ない。だから御配慮願えないかという趣旨だ。

その一部を紹介すれば、こうである。

「我家富めるというにもあらず、まして家のなりわいを棄てて出でぬる身の、今さら黄金の事によりてとか聞こえ奉るはいといと申しがたきことなれども、私の事に候わず、若君外の国の学の道に通ぜさせ給わんは、ひとりこの君の御為のことのみ、いかで御国のためならざらんと思い侍れば、この後もし用度事欠くることもあらば、いかにもして若干の黄金送りおこせ給え」

すると、折り返し、父の市郎右衛門から手紙が来た。

「篤太夫はいま家には居らねども、この家の主なり。家の主にして家の身代をのべしじめんこと、心のまにまになるべし。殊に世のさま変われればこそ、賤しき百姓のたくわえもて、さる貴人も要とあるすじにも充《あ》てらるるならば、何が惜しむべきことならん。家をも田畑をも売代なしで成るべき限りあまた黄金送るべし」

この内容が泣かせる。この心意気であり、心ばえである。そのころの人の誠の心情が察せられる。この親にしてこの子あり、この子にしてこの親ありという感じだ。

　そのうち、新政府からまた帰国命令が来た。政府の陣容もほぼ固まってきて人事もしっかりしてきたようだ。慶喜公は謹慎中だし、ここまでくると新政府の命令に従うしかない。渋沢もそうハラを決めた。しかし、パリに帰国していた公使のロッシュもヴィレット中佐も、留学継続を強く主張した。が、皇帝にしてみれば徳川政権が崩れてしまった以上、昭武に目をかける意味もなくなった。むしろ新政権と親密にする方が重要であろう、外務省もそんな雰囲気に染まっていく。

　さて、そうと決まると渋沢は忙しい。せっかく住み心地がよくなった館も引きはらわなくてはならないし、揃えた家具も処分しなくてはならない。契約上のいろいろ面倒なことも処理しなくてはならない。でも、こうした雑務、俗事もきちんとこなせるのがまた栄一の長所であった。

　そうこうしているうちに、いったん帰国した二人の武士が水戸からわざわざやってきた。井坂泉太郎と服部潤次郎である。公子をお迎えに来たという。これには訳があって、公子の留学を継続させている元凶は渋沢であり、その壁を打ち破って無理にも公子を連れ戻せとの使命を帯びてきたのだ。公子にとって渋沢はまことに頼りになる人物でその影響力は大きい。そこで渋沢が阻止する動きに出たら、刀にかけても連れ戻す決意だったという。

見納めの見学旅行

こうして、昭武の帰国が本決まりになると、ヴィレットは最後の機会だと思ったのだろう、フランス国内をもう少し案内したいといいだした。そして六月十四日（八月二日）、自ら先にたち、シェルブールへ向かう。主に軍事施設を見せたいらしい。随従する者は、渋沢のほか水戸組の菊池一人、まさにお忍びの小旅行である。サンラザール駅から汽車に乗る。九時五分出発。渋沢はその様子を、『巴里御在館日記』にこう書き留めている。

「汽車は別格にて乗り合いの者なければ車中で鬱陶の憂いなし。直ちにセーヌの橋上を渉《わた》る。この橋は長さ百六十メートル、すべて鉄にて造立せり。（略）汽車の右には広き畑ありて、多く野菜を作る。その左は各所に大きなる車輪を建て置き、石を掘り出しパリにひさぐという。やや行き過ぎて、右手に大いなる森をみる。サンゼルマンの大森なりという」

十時十五分、マント駅で小休止したあと走り出すと、いきなりトンネルに入る。七〇〇メートルを地中でゆく。十一時、昼食、弁当を持参したらしく、「十分の喫了、もっとも愉快なりし」とご機嫌である。

「第十二時十五分、セルキンギュ着。小憩、この辺《あたり》はポンム樹多く、ポンム酒を作る。樹木の叢茂せる小山多く、田家その間に聚落し、小河ありて村落を廻り流る、頗《すこぶ》る清絶なり。また藁屋多く、その中に女牛馬を飼う。昔時は民家多く藁屋なりしが、火災を恐るるため政府にてこれを禁じ、今は牛羊の小屋に用ゆという。草野多く、牛、馬、緬羊の類を多く飼う」

車窓にのどかな絵のような田園風景が流れていく。

二時半にカンという駅で汽車を乗り換え、直ちに発車、五時半シェルブールに着く。どうやら予約していなかったとみえて、お目当てのホテルが満員で、ようやくリュニベールというホテルに投宿する。この日は午後特に暑気甚だしく相当に疲れたようだ。

翌日は、八時から製鉄所へ行く。造船所、軍艦、溶鉱炉、諸機械を見学する。いったんホテルに帰って、一時半にまた出かける。馬車で海岸に出て目抜き通りを走り、岩山に登って砲台を見る。それから、小舟に乗って海中に築造されたお台場を見る。これは長さが一里半もある堤防で、そこにいくつも砲台が築かれている。また海中に巨大なアンヘリヤルという砲台があり、四五〇門の大砲を装備するという。

察するところ、中佐はご自慢の海の要塞を見せたかったのだろう。渋沢もそれに応えて丹念に観察し記録している。五時半、ホテルに帰館する。

翌日は小雨の中、カンに行き、市街を遊覧した後、陣馬飼所を見る。「厩《うまや》四棟、毎棟に百二、三十頭」という大規模なもので、病馬のための病院も付設してある。その後、田舎道を行き古城を見、その日のうちにカンまで帰る。

次いでブレストを訪ね、雨の中、古城を見、午後は港内にある製鉄所、軍艦修復所、造船所、小銃大砲の倉庫など見る。このあたり、中佐の押し売りの感じもあり、渋沢も辟易《へきえき》気味なのか、記述も素っ気ない。その後、このあたりの大都市ナントを訪れる。ここは宿舎も立派なホテル・ド・フランスで、「接待もやや行き届けり」と少し機嫌を直している。しかし、連日の強行スケジュールが、ツールまでつづく。が、見学先もあまり変わり映えがなく、中佐以外はかなり退屈気味である。こうして二十三日、一〇日ぶりにパリに帰還した。

滞欧一年半、万感の思いを胸に

六月二十七日（八月十五日）、この日はパリの大祭だった。初代ナポレオンの誕生日だというので、凱旋門に向かうシャンゼリゼの大通りはガス灯を連ねて不夜城のようであった。

渋沢は、その情景をこう記録している（『巴里御在館日記』）。

「巨大なる石門（凱旋門）の辺まで道路の両側のガス燈一連に照り映《は》え、あたかも一帯の大道を錦もて縁せしことし、王宮（チュルリー）は更なり。各所の巨屋富商はその家の軒をガス燈にて輝かし、平民の家々もすべて小提灯または小さな硝器に光燭を盛りて点火す。満城闔市の燭光空に映じ、あたかも昼夜弁ぜぬほどなり。年々の恒例にて凱旋門《アルクデトリヨンフ》および城外一ヵ所にて巨大の細工火（花火）あり、夜第九時より発するを恒期とす。もとより士民（市民）縦観なれば、見物の人もっとも多し。故にこの夜は馬車および乗馬人の通行を禁ず」

そしていよいよ九時から花火があがる、凱旋門の屋上から打ち出すのだ。

「その盛んに発するときは闔門《こうもん》すべて火中に入りて、いろいろの火光と余烟とにて門の全態は見えぬほどなり。凱旋門は四方の街衢《がいく》割り出しの中央にありて、何方にても観火のなし易しとて、近来この祭りの観火同所に定めたり、見物の人は八方に塡途《てんと》し、これを見る。もっとも盛大なる祭日なり」

もう帰国の日が迫っている。ともに見る親しい仲間のいないのが淋しいが、公子とともにどんな思いでこれを見たのであろうか。

公子はいつもの日課に戻って、朝七時から乗馬や体育、時には水泳、それからフランス語、絵画、射撃などの稽古。そして、その合間には、植物園や美術館を訪れたり、図書館に行ったり、蒸気船に乗ってセーヌ川を下ったり、曲馬を観たりしている。

七月二十日（九月六日）、朝廷より、昭武の帰国を促す正式の御用状が届く。昭武も、いよいよ帰国の決意を固める。

八月十八日（十月三日）、家庭教師やお付きの者を招いてお別れの晩餐会をする。そして三十日にはいよいよパリの宿を払い帰途に就く。途中、ナポレオン三世一家に挨拶のためビアリッジの離宮を訪れる。ビアリッジというのはスペインとの国境近くのビスケー湾を望む保養地で、山と海のある素敵なところである。

九月一日（十月十六日）、ビアリッジ駅には侍従武官が馬車で迎えに出ており、いったんホテルで支度を整え離宮に向かう。皇帝一家は親しく謁見し、別れの挨拶を終えると次の間まで送り、公子と同じ年頃だった皇太子が玄関脇まで見送ってくれた。

一行はツールーズ経由でマルセイユへ至り、九月四日（十月十九日）、フランス郵船「ベリューズ号」に乗船する。

前年の四月三日、この港に着いてから、欧州に滞在すること一年六ヵ月余、思えばまことに夢のような日々だった。思いがけない事態になって中途帰国を余儀なくされ、その上帰国後にどんな運命が待っているかもわからないとしても、それはそれとして、なんという恵まれた日々だったのか、なんという素晴らしい経験だったのか、そして西洋文明というものがいかに進んでいるか、文武にわたり開化しているか、日本がいかに遅れてしまったかを、身をもって体験した旅だった。

おそらく渋沢は、そのことを深く胸に刻んでマルセイユ港を後にしたであろう。

かつての幕臣が変装しての出迎え

船はかつて来た道を逆に航走して往く。アレキサンドリア、スエズ、アデン、ゴール……。この長い洋上の時間は、渋沢らに一年半に及んだ欧州の旅を反芻《はんすう》させる貴重な時間となったであろう。また、故国の情勢がどのように変化し、自分たちにどのような事態が待ちうけているのかにいろいろ思いをめぐらせたであろう。

渋沢は港に寄る度に新聞を求め、また乗船してくる人があれば日本の情報を探ろうとした。香港に寄ったときには会津城が陥落したことを聞いた。そして榎本武揚《えのもとたけあき》の率いる海軍が軍艦とともに箱館に向かったとも耳にした。

攘夷を叫んで高崎城乗っ取りを企んだ仲間たちは、いったいどうしているのだろうか。藍香、喜作、新七郎、平八郎らは、戦争に巻き込まれているやもしれず、その安否も気にかかる。日本中が大変化の最中にあるのだから、とても見当はつかなかった。

さて、いよいよ最終の寄港地、上海に着いた。早速上陸して往路にも泊まったアスターホテルで休む。すると、スネルというドイツ人と長野慶次郎《ながのけいじろう》という会津藩出身の人物が現われて、内々の話だが、といいだした。長野は面識がある男で、スネルの通訳として上海に武器を買いに来ているという。

長野のいうには、「薩長などが官軍と唱えて武威を振って幕府に当たるから、会津が盟主となって、奥羽諸侯と合従して、これに敵対しているけれども、武器が不足で充分のことができぬから、鉄砲買い入れのために当地へ来た」という。

渋沢が会津はすでに落城したと聞いたが、と問えば、「その確報はまだ得ぬ、しかしながら、かりに落城したからといっても、残党が多くあるから、是非一度は挽回せんければならぬ。また、このスネル氏などは外国人であるが、真に力を入れておる。ついては一つ相談があるが、すなわち、民部公子の進退のことで、いま直に横浜にお帰りにならず、このところから直に箱館へお連れ申して、箱館に雄拠している海軍の首領としたならば、一体の軍気も大いに張るであろう、是非ともこのことに同意あるようにしたい」と熱心に説いた。

「それは以ての外の事で、左様の事はできぬ」と栄一はつっぱねた。「自分においては、公子をして左様な危険の地に赴かせることは、甚だ好まぬ」と断然拒絶した。

御大将の慶喜が謹慎蟄居してしまったので統合の象徴がない、だから首領と仰ぐ人物が欲しいのだ。が、渋沢にしてみれば、すでに朝敵にされてしまったのだから大義名分も立たず、もう勝ち目はないとみる。むろん慶喜公の存念というものがある、苦し紛れに昭武公子を担《かつ》がれてはたまったものではないとの考えである。

明治元年十月二十九日（十二月十二日）、上海を出港し、横浜へ向かう。十一月一日（十二月十四日）正午ころ、日本の陸地を見た。ついで翌日は、四国沖を通り、その翌朝には白雪をいただいた富士を望見する。そのあたりのことは『日記』にこう記している。

「風静かにして航行席の如し、暁より富峰を見る、山の半腹まで白雪に掩われ、旭日に映じてあたかも銀山のごとし、もっとも快然の想をなせり。午後頃伊豆七島を際して航行す。浦賀港を船の左辺に認む。追々相房《そうぼう》の湾口に入る。第二時頃本牧《ほんもく》の鼻を航行す、初めて横浜の湾を認む」

このときの感慨、いかばかりかと思うが、渋沢は淡々と記すばかりだ。

十一月三日（十二月十六日）夕刻、横浜に着船した。港には戒厳令が敷かれ、岸壁は出航のときの華やかさとうって変わった雰囲気だった。公子は万一のことを考慮して、ここでの上陸は避け、小舟に乗って神奈川から上陸した。すべて水戸藩からの迎えの采配で、そのあとは小石川の藩邸に急ぐ。

渋沢はここで上陸する。荷物の受け渡しもあり、仕事が残っているからだ。埠頭にはパリでの相棒、杉浦愛蔵のほか、塩田三郎、保科俊太郎、そして川路太郎らが迎えにきていた。しかし、いずれも変装して百姓や町人姿だったという。旧幕臣はまるで朝敵の片割れという扱いであり、いわば国事犯の扱いであったらしい。「幕臣はあたかも喪家《そうか》の狗《いぬ》の如く、取締の官吏から種々身分を尋問せられ、見るもの聞くもの不愉快の媒ならざるはなし」だったという。

とにかく上陸すると杉浦が懇切に世話をしてくれて、その友人の居宅に案内してくれた。そこでは久しぶりに畳の部屋でくつろぎ、日本料理をご馳走になった。渋沢はそのときのことを「日本食をなし、過ぎし方の日本の談話をし、不遇の身にもいささか愉快を感じた」と書いている。いかにもそうであったろう。その思いが察せられる。

八章　隠棲の慶喜のもとで、静岡藩の藩政改革

かつての同志たちのその後

帰国して、だんだんに様子を聞いていくと、共に生死を誓った盟友の喜作は箱館に行っていまだに戦っているという。師と仰ぎ兄事する藍香は、慶喜公の義のために「彰義隊《しょうぎたい》」を立ち上げたが、戦い敗れて行方しらず、あるいは捕縛の怖れもあるという。また見立て養子とした平九郎《へいくろう》は藍香とともに戦い、敗れ傷ついて、遂に割腹し果てたという。

「実に見るもの聞くもの、皆断腸の種ならざるはなしという有様であった」（『雨夜譚』）

その彰義隊については、藍香の掲げた趣意書にはこうある。

「方今の国是は尊皇開国世界万国と和親交通して互《たがいに》市貿易を盛んにし、彼の長をとり我が短を補し、殖産興業新奇発明の技術を開進し、外内倶《とも》に富強を経営するの外《ほか》策なく、我が慶喜公は皇国の存亡を以て自ら任じ、徳川家の盛衰を顧みず、（略）信を外国に失わずして皇国の威を伸ばし、その他征長の兵を解き、今また大政を奉還し、皇室中興の大業を創立するが如き、ことごとくみな天下の決行し難き事を挙行し、いわゆる国家有るを知りて、身有るを識《し》らざるの偉行をなされしは、古往近来世界万国未だ聞かざるの忠義大略なり。かかる人出でて、皇国の名義を分明にし、経国の基本建てたり」

慶喜公の事績を賞賛し、それに対して「朝敵」呼ばわりする理不尽さを弾劾した。

「公の所為は公明正大にして尋常謀略家の窺い知るところにあらず、その英名の君主に朝敵の名をなすはまこと理不尽なり」

慶喜公の名誉のために一戦も辞せずというのが藍香の趣意であった。喜作や平九郎の思いも同じであったろう。薩長には薩長の言い分があろう。しかし、血を流すこと少なくして明治維新の大業を成し遂げた裏には、渦巻く非難中傷を一身に浴びながらも、内戦を避けるべく毅然としてひたすら謹慎蟄居しとおした慶喜公の存在があった。

渋沢もそのことを深く思った。一時は慶喜公に苛烈な批判を浴びせたにもかかわらず、その冷静な状況判断と深慮遠謀を知って、自らの不覚を猛省し、慶喜公の心中を察して感泣したのだ。藍香が彰義隊を立ち上げたのも、栄一が後年、膨大な『徳川慶喜伝』（八巻）を編纂したのも、慶喜公の冤罪《えんざい》をそそぐための義挙であったというべきだろう。

父親、妻子との再会をはたす

父に無事帰国したことを知らせると、父の方から上京してきて知り合いの家で会った。

そのときの様子を『雨夜譚』ではこう語っている。

「まず無異で帰ったのを深く喜ばれた様子であったが、しかし時勢の変遷について、自分の身が零落した有様をみて、喜びの中にも何となく憂いを含んでおられたが、さすがに厳格の性質であるから、やがて詞《ことば》を正して諭《さと》されるには、その方はすでに吾が子でないから、あえて指図するにも及ばぬことであるが、将来その方が処世の方向については、従来の愛情に依りて、一応聞いておきたいこともある。これから先はまず如何様《いかよう》に身を処する覚悟であるか」

と、いかにも真摯なお尋ねであるから、栄一も感涙を抑えて答えた。

「これから駿河へ移住して、前将軍家がご隠棲の側《かたわ》らにて生涯を送ろうと考えます。それとても彼の無禄移住といって、その実は静岡藩の哀憐を乞い願う旧旗本《はたもと》連の真似は必ずいたしませぬ、別に何か生計の途を得て、その業に安んじて、余所ながら旧君のご前途を見奉ろうという一心である」

すると父親はやや安心した様子であったが、「それにしても」と言葉をつぎ、「一身の定まるまでは衣食に事を欠くもはかられんと思うたから、いささかながら金子《きんす》を持参した」という。

栄一はその慈愛に深く感動し感謝しながらも答えた。

「実にご恩恵は謝するに余りありますが、今日の身上はあえて窮乏というほどでもありませぬ、ゆえにそのご心配を受けるには及びませせぬ。実は京都において一橋家に勤仕のときから深く節倹を心掛けて、少額ではあるけれども余財を生じ、（略）先頃フランスから書面を以て、送金の事を願いましたのは、公子を長く彼の地に留学させ申すにはその経費が少し不足であろうと掛念したからの事でありました。その事ももはや過去となったに依りて、今日はなんの必要もありませせぬ」

そこで父もすっかり安心して、あとは四方山《よもやま》の話をして帰ったという。

その後、数日して郷里に帰り、久々に母や妻子はむろん、親戚や近所の人とも会い、無事を喜んだ。しかし、三日も滞在するとすぐ東京へ出た。

謹慎中の徳川慶喜との再会

当時の渋沢の心情を察すると、慶喜公に深く恩義を感じていたことがわかる。来し方を顧みると、なんといっても慶喜公のお陰に依るところが大きい。暴発未遂のゲリラ崩れの浪人であったのを一橋家で拾ってもらったこと、その一番の恩人は平岡円四郎だが、彼もいない。欧州に送り出してくれた原市之進も、その後暗殺されてしまった。その平岡の温情も原の厚遇も、いつもその背後にあったのは慶喜公だった。その知遇を得てこそ、働き場所も与えられ、栄えある欧州への旅もさせてもらった。

一橋家での経験、フランス留学での体験、それがあっていまの渋沢がある。多くの人傑とも出会うことができ、見聞することもできた。それが今後の人生で大きな力になろうことは予想される。時に冷ややかと思われるほど冷静すぎる慶喜公ではあるが、その聡明さ、意志の固さは比類ないものである。栄一はそれやこれやを思い、この際「君恩に生きる」ことしかないと決めたのではなかろうか。

こうして、渋沢は徳川一統が七〇万石に押し込められた静岡へ赴く。とにかく八〇〇万石、旗本八万騎といわれた徳川家である。それが加賀前田の一〇〇万石にも満たない石高《こくだか》の駿河に封じられたのだ。それでも滅亡が避けられたのは良しとすべきか。それには勝海舟《かつかいしゅう》らの必死の斡旋《あっせん》があり、慶喜公の徹底した謹慎があった。

それにしても敗残の身に変わりはない。渋沢は昭武の手紙を携え、その慶喜公に挨拶に行く。そのときの様子を『竜門雑誌』で、次のように語っている。

「私は今もはっきりと印象に残っているが、帰朝した当時一度、民部公子のお手紙を持参して静岡で慶喜公にお目通をしたことがある。何でも夜であった。公の謹慎しておられる宝台院《ほうだいいん》というお寺に行って、一室でお待ちしていると行灯《あんどん》の傍《そば》へひょろりと誰か来た。誰か側近の方かと思ったら、その方が慶喜公であった。唯一人しょんぼりお座りになったのであった。その時ばかりは感極まって哭《な》いた。『こんな情けないお姿を拝し申そうとは……何と申してよろしいか』と申し上げると、慶喜公は『今日はそんな愚痴を聞くために会ったのではない。お前が民部の事について、フランス滞在中の報告に来たとの事であったから、それで会おうといっておいた筈だ』ととどめを刺すとでもいおうか、平然としていわれた。誠に慶喜公はあんな場合には、人情があるのか無いのか、それとも感じがあるのか、無いのか、と思われる方である」

山本七平氏は、著書『渋沢栄一　近代の創造』の中で、このあたりの事情について、次のように書いている。

「慶喜は決していわゆる『情の人』でなく、理詰めで冷静な人であった。（中略）その性格が明治への移行で日本の道を誤らせなかったといえるが、そのことは逆にいわゆる『人気』を獲得できるタイプではないことを示している。（中略）もし彼が西郷のような『情の人』であったら、憤激する幕臣や幕藩にかつがれて、戊辰の役を西南戦争以上の、日本を二分する大乱にしたかも知れぬ。彼はそれを冷静に回避したが、そのため彼に忠誠な人間を見捨てる結果となり、一部の人たちにはまことに『不人情』な人間に見えたであろう。栄一でさえ、一時はそう誤解し憤激し暴言をはき散らしている」と。

渋沢は「恐れ入りました、それでは何も申し上げますまい」といって、民部公子のご渡航について詳しくお話をした。そして、公子からの手紙をわたし、ご返事をいただいて水戸へ持参したいと待っていた。

ところがその後、お返事がちっともいただけない。そこで当時勘定頭をしていた平岡準《ひらおかじゅん》蔵《ぞう》と小栗尚三に会って右の旨を伝えると、「あのご返事は直接当方から差し出すから、足下が持って行く必要はない。渋沢には静岡藩で何か申しつけることがあるから、ここに居るように、役目の方は追ってお沙汰があるから」とのことだった。

これは渋沢にとって納得のいかないことだった。公子は、謹慎の身のため慶喜公に直接会うことができないのを残念がり、渋沢に代わりに会ってきてもらっていろいろ様子も聞きたいのだった。そのことを承知しているから、渋沢はぜひお返事をもって公子に会い、お慰めをしたいと願っていた。その心情も察することなく、ごく事務的にあしらわれ、そのうえ仕事があるから、ここに残れと一方的な言い分である。

その後、勘定組頭の辞令をもらったが、渋沢は怒ってその場で辞令を突き返したらしい。ところが、後日、家老の大久保一翁《おおくぼいちおう》から、直々にその間の事情を聞かされて驚いた。『雨夜譚』から大久保の言い分を要約すればこうだ。

「過日、水戸藩より足下を同藩へ召し抱えたしとの交渉があったが、慶喜公は足下が水戸に赴けば、公子が足下を厚く慕う余り、重用せらるるに相違がない。となると水戸藩士の嫉妬を招き、ついには足下の身に危害を生ぜんの怖れがある。またそれほどのことはなくとも、足下が水戸藩のために有用の人たることできまじと思えば、むしろ当藩にて任用するにしかず。かつご返事をもっていけばしばらくは滞在することになり、滞在すれば情も増す道理なれば、別に人を遣わすべし」との内意だというのだ。

これを聞いて渋沢は釈然として了解した。そして、自らの浅慮を恥じ、公の深慮厚恩に感泣したというのである。

帰国後に提出した会計報告書

実をいえば、静岡藩の方でも渋沢をぜひ欲しかったのだ。このまたとない人材を水戸に渡したくなかったに違いない。それには訳がある。渋沢が帰国後、藩に提出した公子渡欧に関する会計報告書が実に素晴らしかったからだ。公明正大、綿密精確、その上、やりくり上手で多額の剰余金をつくり、それをまたそっくり藩に差し出したからである。直接の上司はむろん、関係するものが一様に深く感心し、その人格と才腕に惚れ込んだものと思われる。
その会計報告がどんなものだったか、その一端を示せば次の通りである。

仏国滞留御賄金御有高調書抜　　明治元年四月二十七日

一　仏貨　八万三千四百三拾フランク弐サ　　辰閏四月改め　御有高

一　同　弐万五千七百五拾フランク　　辰閏四月弐拾七日阿蘭商社より請取《うけとり》五千弗

為替第六月分

〆　壱拾万九千壱百八拾フランク弐サ

これは四月初めの手持ち金が八万フラン余あり、六月分賄金としての収入が二万五〇〇〇フランあったとの意味だろう。次はそこから、英国留学生のために融通した金額が明細とともに記録されている。コンマンタントとはプリンス館の管理人のことか。賄《まかな》い外の諸費用と連発銃の代金に充てたとある。

内

一　弐万七千五百九拾五フランク　　英国留学生帰朝入用立替渡別紙調書之通

一　壱万参千五百フランク程　　コンマンタント渡

御旅館御賄御入用内渡其外連発銃代残渡共

追而仕上可

小以　四万千九拾五フランク

差引

〆　六万八千八拾五フランク弐サ

外に七百フランク　　フロリヘラルト御預蒸気車札買之分

右之通御座候以上

辰閏四月二十七日　　渋沢篤太夫

そこで手持ち残額は六万八〇〇〇フラン余ということになる。それから英国留学生に関する明細が書いてある。

英国留学生帰朝入費御旅館御賄之口より立替候分調書　明治元年四月二十七日

高仏貨　弐万七千五百九拾五フランク　英国留学生徒十二人分帰国飛賃其外倫敦引払付荷物運送賃海中諸入費としてまた　弐千フランク

〆　弐万九千五百九拾五フランク

此訳

一　弐千フランク　巴里より馬塞里まで蒸気車代荷物運賃共取締川路太郎中村敬輔へ渡し

一　弐万五千五百七拾五フランク　生徒拾弐人分　仏郵船二等船賃　但　一人に付き弐千壱百参拾壱フランク弐拾五サ任

一　弐千弐拾フランク　同断英国出立之節諸仕払航海諸人費渡

小以　弐万九千五百九拾五フランク

外　四千弐百六拾弐フランク五拾サ　同断弐人分船賃仏王生徒御入用之内より立

替渡

右之通相渡諸払向無差支当地出立為致候以上

辰閏四月二十七日

渋沢篤太夫

そして最後に、「右は生徒帰着之上償戻し之積を以て両人認印に而借用致し候事」とあり、栗本貞次郎と渋沢篤太夫の署名がある。栗本はパリに残っている幕府公館の代表という格であろう。一方で義憤から一存で公金を流用しながら、一方ではいかにも公明正大で堂々としているところが、栄一の面目躍如たるところである。

本人もこの報告書には自信があったようで、『昔夢会筆記』にこう書いている。

「私は出納はよほど正確にかつ明細に遣《や》ったつもりです。それで静岡で平岡準造(ママ)という人が私を目して、この男は大変綿密の人だとみたのです。どうもああいう時の後始末について、計算書を判然と出した人は滅多にない。海外へ出た者は、経費が足らなければ足らないといってくるが、余れば持ってくるという人はないのに、誠に明瞭に調べて……かつパリの御旅館になかなかの品物があったものですから、それを種々心配をして、売るものは売り、掛け合って返すものは返して、なんでも金額で三万円余り持って帰りました」

藩では財政の実務に通じた人材が欲しかった。武士は概して計数に弱い、実務にうとい。忠誠心や勇気はあっても処世上のことになるとダメなのが多い。ところが渋沢はそうではない。胆力と算力を兼ね備えて持っている。そのうえ欧州で最新の事情を勉強してきた新知識である。こんな人材はそういるものではない、ぜひともつかまえておけというのが慶喜公直々の指図だったと思われるのだ。

静岡藩における「商法会所」の開設

さて、当の渋沢は、静岡に住んでみて、なんとかお役に立つことはないかと考える。あるとすれば農業か商業か。そのときフト思いついたことがある。そのころ、新政府から諸藩へ「石高拝借」ということが許された。それは殖産興業のための新政府からの奨励特別融資みたいなもので、その資金を生かして何かできないかということである。

実は、大政奉還で新政府ができたはよいとして、戊辰戦争の戦費をはじめ、とにかく金が要る。そこで窮余の一策、新政府は太政官札《だじょうかんさつ》を五〇〇〇万両もつくって当座を凌《しの》いだ。前述した通り、由利公正《ゆりきみまさ》等が中心でやった大技である。ところがその太政官札が大量に余っている。そこで、それを各藩に割り当てて特別融資とし、殖産興業などに生かせとのお達しを出したのだ。

これについて『雨夜譚』で、渋沢自身はおおよそ次のように語っている。

「その紙幣は民間の信用がなく流通がうまくいかないので、それを全国に流布せんがために、諸藩の石高に応じて新紙幣を貸し付け、年三分の利子、十三年返済ということにした。静岡藩には七十万両が割り当てられたが、実際に交付されたのは五十三万両だった」

この資金をうまく生かす手だてはないか、というのが渋沢の着眼である。種々考えた末に具体案をつくりだした。早速、勘定頭の平岡準蔵に相談すると、「それは、面白い。検討しよう」ということになった。渋沢の考えはこうだ。

「この金はいずれは返済を必要とする。だからいい加減に遣ってしまったら大変なことになる。そこで全くの別会計にして、大事に運用すると同時に、この資金をもとに殖産興業の新事業を起こす」

具体的には、現下の情勢からすると、これは必ず物価が上昇して貨幣価値が下がるに違いないから、相当額は現物に変えておくのが賢明である。それには農業生産をあげるための肥料と米穀そのものがよいので、それを東京と大阪で買い付ける。もう一つは西洋でいう銀行と商社のようなものをつくって、有望な新規事業に資金を供給し、重要産品の売買も自ら手がけるということである。それを合本主義でやろうというのが渋沢案で、いわば半官半民の銀行兼商社をつくるという案であった。

このあたりは欧州のあちこちを視察したり、現実にパリで会計事務を担当し、しかも事務の指南役ともいうべき銀行家のフリュリ・エラールからいろいろ学んだことが背景にあったであろう。渋沢としても、それらはいつか日本に導入したいシステムだと考えていたから、いい機会だと思ったにちがいない。渋沢はそれを名付けて「商法会所」といった。

平岡は藩庁の評議にかけて了解を取り付けると、早速実行に移した。

明治二年の春、静岡の紺屋町というところに相応の家屋があったのを事務所にし、「商法会所」という名義で一つの商会を設立し、地方の主立った商人一二名に用達を命じ、あたかも銀行と商業とを混淆したようなものができた。取締の総責任は平岡で、実務は頭取の渋沢が総括し、それぞれの部門担当は勘定所から出向させた役人数名と、民間出資の商人から出してもらった数名で構成した。

仕事の内容は二つあって、金融業務では、商品抵当の貸し付け、定期当座の預金預かり、商社機能としては、地方農業の奨励策として米穀肥料などを京阪その他で買い付け静岡藩内で売るという仕事である。この買い付けのことは、渋沢自身、小規模ながら実家でやってきた経験があるから、まるで水を得た魚のように、東京に出て〆粕《しめかす》、乾鰯《ほしか》、油粕、糠《ぬか》などを買い入れた。

この仕事は滑り出し好調で、そこそこ目途もついたと思ったのであろう、渋沢は郷里から妻子を呼び寄せ、ようやく静岡で一家を構えた。結婚以来実に六年ぶりで、ようやく家族三人水入らずの生活を始めた。

この商会、活動の実態はどのようなものだったか、『渋沢榮一伝記資料』所収の「渋沢伝稿本」から、内容を要約するとこうなる。

資金は藩庁が元金として一万六〇〇〇両余、新政府から借用の二五万九〇〇〇両余（太政官札では二八万両だが、実質は三分の二と評価）、民の出資金は一万四〇〇〇両余、計二九万両余で、これが総資本金である。藩庁からの出資金のうち、三分の一は渋沢が欧州から持ち帰った剰余金である。

こうして、東京、大阪、横浜、清水港にまたがる商社活動を開始、着々と実績をあげ成功しつつあった。ところがここで問題が発生した。というのは、新政府の当局者が、このやり方を見て危機感を覚えた。つまり、太政官札を公然と三分の二にしか評価していないことになる。これは太政官札の下落を見込んだリスクヘッジであるが、政府の信用問題であって、この動きが他藩にも飛び火しては大変なことになる。紙幣の流通に齟齬《そご》を来《きた》すし、国家の財政金融を揺るがす大問題だというのだ。

そこで新政府は、直ちに「太政官札と正金との間に差をつけることは厳禁」との触れを出した。もし違反すれば当事者はむろん藩主も罰するという。

ところがこうなると、実質一〇〇万両借りても新札なら六六万円返せばよくなる勘定で、これを許せば商会が倒産してしまう。この通達があったとき、渋沢は東京に出張中だった。そこで藩の重役たちが急遽《きゆうきよ》会議を開く。ただでさえ、静岡藩は目の敵にされていて、折りあらば力を削《そ》ごうという勢力がある。ここで新政府のお咎《とが》めを受けたら、どんなことになるかわからない。とにかくここは平身低頭して従っておいて、それから善後策を講じようというのが、家老大久保一翁の考えだった。

藩庁は六月十五日に「貸付金その他　総て紙幣にて上納苦しからず」の懸札を出した。ただ、これは悪用されたら大変な事態になる、渋沢は急遽帰藩すると鋭意その対策をねった。

恐れなければならない事態は三つある。第一に私利のために奸策を弄《ろう》する商人の動き、これをまず食い止めなくてはならない。第二に官営の弊、これは一朝一夕にはまいらぬが、断然矯正していく必要がある。第三に用達商人らが合本組織の経営に熟しないことである。株式会社は何かという観念がまだわからず、商人はいままで通りの勝手な行動をする。そうなるとこの組織は立ちゆかず、官が民の喰いものにされてしまう怖れがある。また維新政府からすると官がかかわっているからこそ厳しく詮議もすることになる。そこでこの際、官の関与を一切止めて、経営はすべて民の責任において行なうべしということにした。つまり藩は資金だけは提供するが、経営責任は民にありという形式である。

しかし、それでも「藩の資本で商業をするのは朝旨にもとる」という批判がある。そこで、名称を変えることになる、大久保一翁の発案で「常平倉《じょうへいそう》」となった。これは漢時代の呼び名でいかにも古くさいが、カメレオン的な知恵というべきか一種の防衛策ということであろう。渋沢も「名前を変えただけ」といっており、実務はそれまで通り行なわれていく。

こうして当面の危機は回避できた。

九章　明治新政府での活躍と欧州体験

新政府からの召喚状

そうこうしているうちに、明治二年十月二十一日、太政官から突然、渋沢に、御用があるから新政府に出頭せよというお達しが来た。皆目見当がつかないが、召喚状が来たとなると上京しないわけにはいかない。しかし、商会事業は多忙をきわめ手が放せない仕事もあるから、大久保一翁に半月ほどの猶予を願い出た。が「いや、それはならぬ、直ちに出京しろ」との厳命である。渋沢もこれには参り、落胆もした。御用があるといえば東京で仕事をしろということに違いない。となると、せっかく新しい仕事を始め、ようやく軌道に乗ってきたというのに、何と勝手なことだと怒りがこみ上げてくる。断然、辞退したいと思った。

そのことを一翁にぶつけると、「決してならぬ、もしも藩庁からそのようなことを請願したら、静岡藩は朝旨に逆らうのか、有用の人材を隠蔽《いんぺい》するのか、ということになり、藩主にも慶喜公にもご迷惑がかかることだから、なにがあっても上京しろ」という。

そうか、徳川家に累《るい》が及ぶようでは申し訳ないと、やむなく上京することにした。ただ、その時点では、中央政府の当事者に会ったら、直訴してそこで断る気持ちでいた。

さて、十二月初め東京に着くと、いきなり大蔵省租税正《そぜいのかみ》という職を仰せつけられた。渋沢としては青天の霹靂《へきれき》で、どういうわけでこういうことになったのか、さっぱりわからない。誰かの推薦があってのことだろうし、それなりの理由があるのだろうが、その説明もない。大蔵省には一人の知人もいないし、職分も見当違いだ、早くご免をこうむって静岡に帰りたいと思った。

それで風邪気味でもあったので、四、五日宿で臥《ふ》せっていて、十二月七日になって官に出向いた。そこで大蔵省の主立った人とは誰かと聞いてみると、卿は伊達宗城《だてむねなり》（五十二歳）、開明派の大名で旧宇和島《うわじま》藩主である。しかし、実務を取り仕切っているのは大輔の大隈重信《おおくましげのぶ》（三十二歳）と少輔の伊藤博文《いとうひろぶみ》（二十九歳）だという。省中の事務はすべてこの両人の管理下にある由だ。

そこで渋沢は一日、大隈の自宅へ押しかける。いきなり自宅に行くところが渋沢らしい。直訴して辞退しようとの目論見《もくろみ》だった。ところが訪ねて一応の話をしたところ、今日は時間がないから、十八日にまた来てくれという。そこで指定日に訪ねていって、駿河での仕事のことも詳しく説明し、大蔵省の仕事は経験もないので辞退したいと伝えた。すると、大隈はいった。『雨夜譚』には、こうある。

「辞退なぞといわずに、駿河の事務を片付けて、その上で十分大蔵省に勉励せらるるが宜しい。足下が、事を知らぬと言うけれども、知らぬといえば誰でも実験（実体験）のあるというものは一人もない。今足下の履歴を聞くに、やはり我々と同じく新政府を作るという希望を抱きて鞭難辛苦した人である。されば、出身の前後はともかくも、元来は同志の一人であります。畢竟《ひっきょう》（つまるところ）維新の政府はこれから我々が智識と勉励と忍耐とによって造り出すもので、ことに大蔵の事務については少しく考案もあるから、是非とも力を戮《あわ》せて従事しろ」

そこで渋沢もだんだんその気になってきたのだが、大隈はここでとどめをさすようなことをいった。つまり、渋沢が仕官を断ると、慶喜公が邪魔をして旧臣を新政府に近づけないようにしているととられる怖れがあるぞ、ということである。

渋沢としては痛いところを衝《つ》かれた。しかし、そのまま素直に承知とはいわないところが渋沢らしい。ここでも「条件」をつけた。

「しからば自分にも愚説がある、それをご採用あるように」といって、とうとう日頃の考えを開陳した。大隈もこれには驚いたらしく、後年このときのことを回想して、こう述べている。

「今でこそ、君（渋沢）は常識円満の大人であるが、当時はまだ二十歳時代で一見壮士の如く、元気当たるべからざるものがあった。むろん両刀を帯びて、一つ間違ったら一本参ろうという権幕、家にいるときでも一刀だけは腰より離さないという勢いで、会うといっても容易に出てこない。それで説伏するにはなかなか難しかったが、我が輩は、八百万《やおよろず》の神が寄り合って新日本をつくるのだから、君も一つ神様になってくれいといって遂に承諾さした」（『実業の日本』第十二巻第十四号）

渋沢も、大隈の心意気、大元気、大気迫には参ったのであろう。「ひとつ君も神様のひとりになってくれい」といわれて身震いしてしまったらしい。明治草創時の武士たちの大気迫がつたわってくる話である。

渋沢の大抜擢に、大不平をもらす人たち

しかし、大蔵省でも渋沢の抜擢人事には大変な抵抗があった。大隈自身そのことについてこういっている。

「ところが、また一方には我輩が旧幕臣たる渋沢君を用いたというので、旧幕臣中にも新政府中にも反対があり、ことに大蔵省の官僚達は大不平であった。彼らはほとんど同盟罷工《ストライキ》というような勢いで、我輩のところにやってきて、あんな壮士みたような幕臣を我々の上に抜擢するのは何事だといって、非常にやかましい談判であった。そのなかでも最も猛烈に反対

したのが玉乃世履《たまのせいり》であった」

　玉乃は岩国藩出身で、切れ者の能吏として著名であり、後に大審院の院長になる人物である。

「我輩は四方の反対を抑えて、マー、見ておれといって、渋沢君に思う存分働かしたが、君の働きぶりは実に精悍なものであった。当時の大蔵省は、財政のことはむろん今日の農商務省、逓信省、または司法省のある一部の仕事、それに地方行政なども持っていたので、繁劇なること非常なものであった。渋沢君は八面鋒という勢いで働かれた。財政のこと、地方行政のこと、殖産興業のこと、あらゆる方面で活動された」

　大隈は、さすがにみるべきところをみている。

「考えもよく、計画も立ち、それに熱誠以て事に当たられたから、六ヵ月も経つと、先に反対した者らは大いに驚いた。今度は不平党が謝罪に来た。最先に来たのも玉乃だった。彼らいわく『渋沢君はとても我々の及ぶところではない。誠に得難き人である。先に無礼な事を言ったのは我々の思い違いであって、実に相済まぬ』と」

　当時の政府は、人材不足だった。大官たちも実務の経験がなかった。『青淵先生伝初稿』には当時の官の中枢の実態が語られている。

「薩長土肥四藩の俊才、廟堂の枢軸となりて事に任じたれども、概《おおむ》ね実務の経験を有せざる青年なれば、実際大政料理の衝に当たるに及びては、ほとんど望洋の歎なきを得ず、これにおいて多く旧幕府の遺臣を引いて各省に配置し、これを指導者となせり、就中《なかんずく》民政財政海軍の如きは、幕府士人の技能はるかに諸藩士の上に出でたれば、この方面に重用せられしもの多かりき」

しかし、幕臣といえばあるいは二心を抱いておりはせぬか、信用できるかという危惧《きぐ》もあった。昨日まで敵だったのだから、それもやむを得ぬことであった。

さて、その渋沢の披露した「愚見」とはどんなものだったのか。『雨夜譚』から推測するとおおむねこういうことになる。もっとも、ここでいっているのは、少し勤務して内部事情がわかってからのことと思われるが……。

「今日突然と朝官に列したことであるから、今、大蔵省の組織を見ても、その善悪もわかりはいたしません。しかしながら、現今目撃した有様では、過日お説を承った諸般の改正は、到底為し得られぬことであろうと考えます。何故と申せば、省中は只雑踏を極むるのみで、長官も属吏もその日の用に逐《お》われて、何の考えをする間もなく、一日を送って、夕方になれば、サア退庁という姿である。この際大規模を立てて真正に事務の改進を謀《はか》るには、第一その組織を設《もう》くるのが必要で、これらの調査にも有為の人才を集めてその研究をせねばならぬから、いま省中に一部新局を設けて凡《およ》そ旧制を改革せんとする事、または新たに施設せんとする方法・例規などは、すべてこの局の調査を経て、その上、時の宜しきに従ってこれを実施するという順序にせられたいことでありますと述べた」

つまり改正局のような新組織をつくって人材を集め、集中的に調査・討議し、そのよろしきを得たものだけを適時に実行に移すという案である。これを聞いた大隈は「よろしい、それでいこう」ということで、その年の十二月には改正掛《かいせいがかり》ができて渋沢はその主任を命じられ、一局の責任を負うことになった。

当初は小さな研究所のようなもので、なんでも勝手に議論させたという。そのメンバーは多くは兼任の人で、実務に通じた各省からの出向者であった。その中に、駿河からスカウトされてきた逓信にくわしい前島密《まえじまひそか》もいた。その前島が、その著書『鴻爪痕』のなかで、地理頭・杉浦譲のことばとして、そのころの改正局の空気を伝えているので、一部を紹介しよう。

「改正局は民部・大蔵両省の間に設置せる一種特別の局にして、長官を置かず、大蔵大輔及び民部少輔、大隈、伊藤の顧問局と見るべき所にして、行政上諸規則改正の按に就き、その各員の意見を問い、あるいは立案せしむる官衛なり」

そして、その討議ぶりについては、「大隈、伊藤両氏も出席し、民部大蔵卿の伊達侯もまた臨席し、放胆壮語一も尊卑の差などは置かず、襟懐を開いて時事を討論せり」である。そこで前島も大いに論じ、「頗《すこぶ》る愉快を感ぜり」と述べている。

ここには駿河からも渋沢の引きで、赤松則良《あかまつのりよし》、杉浦愛蔵、塩田三郎《しおださぶろう》らが続々と招かれて参加することになる。

大蔵省が直面していた問題の数々

しかし、問題は山積だ。まず優先順位をつけて端から処理していくしかない。その様子は『雨夜譚』から要約するとこのようになる。

第一に全国測量のこと、したがって度量衡の改正案。第二に租税の改正と駅伝法の改良。第三に貨幣の制度、禄制の改革、第四に鉄道敷設案、第五に諸官庁の建築などになる。それを緩急に応じて討論審議を尽くし、次第に方案をつくった。とりわけ苦心したのは租税であった。税はなにしろ民の懐に直接関係するものだけに、慎重にしなくてはならない。ただ、その仕事はなかなかの難事であるから、誰もが困る、困るというばかりで手がつかない。

難題の第一は物納から金納へいかにして移行するかであった。そのころまでの税収は、物納されたものを政府が保管し、運漕し、札差《ふださし》などの御用商人に託して売り出し金に換え、それを国庫に納める順序だった。が、その間に、いろいろな問題があった。それを地方、地方で売りさばき換金するとなると、地方は供給過剰で値が下がり、東京や大阪は供給不足でコメの値段が跳ね上がる怖れがある。当時の交通・運輸機関を考えれば、それもたやすく想像されるだろう。

また、貨幣の問題が大きく緊急を要した。そのころは全国でいくつもの貨幣、紙幣が流通し、交換比率もまちまちで、取引がスムーズに行かない。そこへ異国の通貨、つまり金銀の交換比率が違う外国通貨が流れ込んでくるから、問題がいよいよ複雑になった。そこで、伊藤博文が急遽アメリカの制度を調べてこようと、明治三年十月に芳川顕正《よしかわあきまさ》や福地源一郎《ふくちげんいちろう》を連れて渡航する。そのころは、手本を何処にすべきかの議論が大いになされた。つまり英国案と米国案が対立したのだが、伊藤は南北戦争後のインフレを収束させたアメリカの方が日本の現今の国情にあっていると強く主張して、アメリカ行きが決まった。

伊藤は、彼の地より調査の結果を逐次送って来る。改正局でそれを受けて審議し、実行可能なものは即実施に移した。渋沢もこの時点のやりとりで大いに学ぶことがあり、これを契機に経済については欧州よりもむしろアメリカに学ぶことが多くなったという。

そこで大きな問題となったのは、銀本位にするか金本位にするかであった。それまでの日本は銀本位であったものを、この際だからと金本位制を採用することになる。

それから二年ばかりの渋沢の活躍ぶりについては『竜門雑誌』の記事からうかがい知ることができる。つまり、この二年足らずの間に、提案・審議されたものは二〇〇件近くに及び、中には後世まで影響を与えた大事業や改革も少なからず含まれていたのである。

廃藩置県にともなう財政問題を切りもり

明治四年七月、廃藩置県の大号令が降りる。そして十一月には、新生天皇国家を代表する遣米欧使節団という前代未聞の大使節団の派遣が決まる。渋沢は、大変革の処理と留守部隊の仕事で獅子奮迅の活躍をみせる。

まず廃藩置県であるが、これは大政奉還、版籍奉還以来、どうしても遂行しなければならない問題だった。将軍国家から天皇国家になり、徳川幕府の政府から公家と薩長土肥の政府になった。しかし、各藩は大名がそのまま藩知事の名に変わっただけで、兵力も財務もなお藩に属しており、中央政府には独自の兵力はなく独自の財源もない。頼るべきは徳川から没収した直轄領と薩長土肥の提供する藩兵でしかなかった。

明治四年、ついに西郷隆盛、大久保利通《としみち》、木戸孝允《たかよし》も決死の覚悟をする。そして、薩長土の藩兵から構成する天皇の軍隊一万を擁して、廃藩置県の大号令を発するのだ。

しかし、これは未曾有《みぞう》の大改革であるから、種々の混乱が起きる怖れがあった。そのため政府内、各官庁内の舞台裏、台所は大変だった。なにしろ三〇〇近くもある会社を大合併するようなものであり、その間に藩札や債権の処理、給与支払いの問題、財源の確保、資金の融通、退職にともなう保障など、まさにどこから手を付けていいやら、見当がつかないほどであった。

中でも緊急を要するのは金融問題だった。貨幣の流通は国家の血液と同じだから、これが滞ったり不足したりすると大混乱が起きる。とくに太政官札、藩札などの交換は重要だった。渋沢の目にはこのあたり、どう映っていたか、『雨夜譚』の語るところはこうである。

「かれこれする中に、やがて廃藩置県という政略上の大問題が起こって、それがため朝野の間に議論がよほど喧《かまびす》しかったが、遂に七月の中旬に至ってこの事が決定して、全国に布告になりました。そもそもこの廃藩置県ということは、その前から薩摩、長州などの雄藩が率先して、封土奉還とか、または版籍返上とかいう願書を続々奉呈する勢いであったが、当時国家の柱石元勲といわれた西郷、木戸、大久保などの間において、とかく協議が調《ととの》わぬために、発表にいたらざりしが、ようやくその議も一致して、この布告を見ることになったのであります」

廃藩置県をやらなければならないというのは、当事者間では共通認識だった。ただ、反動が恐ろしく、なかなか手を付けられなかったというのが実情だろう。なにしろ殿様の首を大中小合わせて三〇〇も一緒に斬ってしまうという荒療治だから、一つ間違えば大変なことになる。大出血はむろんのこと、明治新政府が引っくりかえってしまうことにもなりかねない。これをいかにうまく収めるかは、想像を絶する大仕事だったのだ。

そうした状況の中、渋沢は大蔵省の中枢にあった。卿は大久保利通になり、大輔は大隈重信、少輔は井上馨《いのうえかおる》、大丞が渋沢栄一という布陣である。赴任の順序は前後するが、ほかに伊藤博文が加わり、その下に上野景範《うえのかげのり》、陸奥宗光《むつむねみつ》、吉田清成《よしだきよなり》、松方正義《まつかたまさよし》らが連なる。

廃藩置県に際して、最も緊急の課題は金融であり、なかでも藩札の引き替えだった。渋沢は静岡県の改革でこのことを経験している。それが全国規模で行なわれるのだから、よほど慎重に綿密な準備のもとにやらないと大混乱が起きてしまう。なにしろ当時の貨幣制度は乱れていて、各藩ごとに藩札や公債やらで混乱をきわめている。また新政府になって、緊急処置として太政官札を五〇〇〇万円も出した上、外国の通貨との交換比率の問題もからみ、金貨が不当な安値で流出してしまうという問題もあった。

伊藤博文は、前述のように急遽アメリカに渡り、鋭意それに関する調査・研究をした。そして、逐一井上、渋沢らのところへ報告してくる。それを受け止めて実際の施策にどう生かすか、それをやるのが渋沢らの仕事だった。いずれも一騎当千の若手官僚が、何日も徹夜同然で、ねじり鉢巻きで奮闘したのだ。

渋沢は怖れた。仮に藩札の処理をしくじると、竹槍・筵旗《むしろばた》の騒動を見ること必然である。そこで藩札引き替えの布達は、廃藩の布告と同時に間髪を入れず行なわないといけない。大蔵省では速やかにその交換の方法を予告しておいて、廃藩の布告を一気に全国へ発令することになった。

そのころの状況を、渋沢は『雨夜譚』にこう記録している。

「この廃藩置県の大号令と共に、大蔵省の事務はますます繁忙を加えて、就中廃藩の後始末を整理するのが、実に非常の困難であった。もっとも至急を要せねばならぬ事柄だから、自分は井上の指揮に従って、わずかに両三日の間にその方法を立案して、数十枚の処分案を条記し、これを井上の手許に出したことがある。その処分の大目は、藩々金穀の取締から負債の高、藩札の発行高、または租税徴収の方法、その他、各藩において、種々施設中に属する事業の始末等までも関連していて、なかなか面倒のものでありました。

また、公債証書発行のことも、この廃藩の処分に際し、諸藩において地方から借り入れてある負債を年度によって区分を付け、その程遠き分は全くこれを棄捐《きえん》させ、維新前後の区分によって新旧二種の分けて公債証書を付与するものとして、ここで初めて公債証書の発行を見ることが出来ました」

そして、

「各官庁の職制、章程も、伊藤の米国から持ち帰られたのを翻訳して、大体の要領を得たから、これを政府に具申して、諸官省の職制を立つることを促し、まず速《すみや》かに大蔵省から実施するが宜しいというので、自分がその取調を担当して、三日三晩私宅にいて徹夜で調べ上げ、それを政府に上申して、実施することになった」

そんな状況の下、中央政府の形も、実力者を中心になんとか整ってきた。

予算をめぐり大久保利通と大激論

明治四年の半ばに、大隈は参議となり、後任の大蔵大輔には井上馨が就任した。渋沢は大蔵大丞となり、ここに井上・渋沢のコンビが誕生した。井上は当時の高官の中では最も経済に明るくかつ商人的であったから、渋沢の考えもよく理解し、気もあって肝胆《かんたん》相照らす仲になった。ところが、大蔵卿の大久保が難物だった。

そのころの国家の収入は約四〇〇〇万円だったが、まだ予算制度がなく、支出の方は各省が「つかみ取り」に近い状況で、「必要な金はなんとか調達しろ、工面をせよ、それが大蔵省の仕事だ」といわんばかりの荒っぽさだった。大久保利通もその伝で、陸軍省の経費八〇〇万円、海軍省の経費二五〇万円をまず決めたいという。というのも、廃藩置県に伴う不満があちこちでくすぶっており、事実物価の上昇もあって百姓一揆は各地で多発し、職を失った武士階級にも不穏な動きが広がっている。大久保としては、それに対処するためにも軍事力は早急に増強しなくてはならないとの考えだった。外向きの軍備も必要だが内向きの軍備がより緊急だったのだ。

その陸軍のトップは西郷隆盛で、その下で具体的に軍政を支えるのが山県有朋《やまがたありとも》と西郷従道《さいごうつぐみち》だった。この二人は前年から欧米を一巡して近代的な軍事の勉強をしてきた。だからそれを基に計算した要求だった。外からは英米露の軍艦が周辺を遊弋《ゆうよく》し、少しも油断はならない。とりわけロシアが対馬《つしま》でも樺太《からふと》でも隙あらばと狙っている。その意味で、海軍の充実も焦眉の急である。それらが大久保の要求につながっていた。

　ところが井上・渋沢は予算主義で、基本は「量入為出」である。収入を見てから支出を定める、「収支均衡主義」だった。そこで諮問会議では、井上と渋沢が予算主義を楯に猛反対して大論争となった。

「総じて財政は〈量入為出〉の原理に従わざるべからず。国家の財源が豊富になれば、あるいは〈量入為出〉の変例による場合もあるべけれど、今日は未だ国家の財源が発達しておらず、歳入正確なる統計（数字）さえ備わざるに当たり、兵備がいかに大事なればとて、これがため千五十万円の支出は怱卒《そうそつ》に決するは本末転倒の甚だしきものなり、よろしく統計が出来上がり、歳入額の明確になった後において事の軽重を考え、これに応ずる支出額を決定すべし」

　この日は井上がいなかったので、渋沢が独り奮戦した。大蔵省の保守派である安場《やすば》保和《やすかず》や谷《たに》鉄臣《てつおみ》は大久保の説に同調し唯々諾々としている。三十を超したばかりの一番若い渋沢が、実力抜群といわれた大久保に真っ向から反対したので、大久保も怫然《ふつぜん》色をなした。「しからば渋沢は陸海軍の方はどうでもよいという意見か」と詰問する。

　渋沢は「いかに私が軍事に通ぜぬと申しながら、兵備の国家に必要なくらいのことは心得ておるつもりです。しかし大蔵省の歳入統計（見込み数字）ができあがらぬ前に巨額の支出決定をなすは危険のご処置である」と抗弁した。

が、孤軍奮闘衆寡敵しがたく、そのまま決定してしまった。

これに憤慨した渋沢は辞職を決意する。こんな理不尽な大蔵卿の下で仕事ができるかという気持ちである。井上はさんざんなだめ、とにかく廃藩置県の後始末が済むまではやめるなと慰撫する。そこで渋沢もなんとか鉾《ほこ》を収めるのだが、一時東京を離れて頭を冷やせということで大阪の造幣局へ出向を命じられた。

岩倉使節団の派遣と留守政府の思惑

さて、西郷、木戸、大久保らが決死の覚悟で断行した「廃藩置県」は、結果的にはさしたる不穏な動きもなく、当事者らはほっとする。少なくとも当座は静穏であった。そこで新政府首脳が次に打ち出したのが、米欧使節団の派遣である。これは、幕末に結ばされた不平等条約の改正を視野に入れながら、新しい国家づくりの青写真を探すための旅だった。

幕府が各国ととり結んだ通商条約には、大きな問題があった。一つは治外法権であり、一つは関税自主権の喪失である。治外法権は、横浜その他に外国人居留地が設定され、その地域内における領事裁判権は相手国にあるという屈辱的な状況である。関税自主権については、安価な外国商品がどんどん入ってくることで国内の産業が崩壊するのを防ぐ保護関税が、五％という低率に定められ、それを変更できない取り決めになっていた。

伊藤博文は出張先のアメリカから条約改正の必要性を提言してきたし、大隈もそのための海外事情の調査団派遣を提言していた。それには、当時新政府の政治顧問であったフルベッキの進言もあった。フルベッキはオランダ系のアメリカ人で幕末長崎にやってきた宣教師だが、明治になると、東京に招かれ中央政府の顧問格になっていた。フルベッキは「新しい国造りをする上では、若い書生だけでなく国家のトップリーダーが自ら海外を見ることが大事である」との意見をもとに、使節団の組織や調査項目も書いた具体的な企画書を作成していたのである。

こうして岩倉具視を大使とし、木戸孝允、大久保利通を副使とする、ヘビー級の大使節団が結成されることになる。そしてその先導役には英米への海外経験が豊富な伊藤博文が決まり、総勢四八人に及ぶ構成となった。

さて、この使節団、国家の大手術の直後に新政府の首脳陣が大挙して一〇ヵ月半も国をあけるという大胆きわまる企画である。そこで三条をはじめ、各方面から当然のように大いなる反対の声が上がった。そこで留守政府と海外派遣組との間で十二ヵ条に及ぶ異例の約定書が交わされることになった。これには重要事項は派遣団と連絡をとりかわしたうえで決めること、大きな人事や組織は変えないことなどが盛られた。そして三条、岩倉、西郷、木戸、大久保、大隈、井上をはじめ北海道の開拓次官だった黒田《くろだ》清隆《きよたか》まで、総勢一八人が署名した。

大隈重信は使節団派遣を提議した当初は、自分を中心とする小規模の調査団を想定していた。ところが、全権大使に岩倉が決まると規模はいよいよ大きくなり、大隈の出る幕がなくなった。

そこで開化政策の急先鋒だった大隈は、それを逆手に「鬼のいない間に洗濯だ!」とうそぶく。というのは、そのころ、ともすれば開化政策のブレーキになっていたのが大久保、木戸といった革命第一世代で、それらを海外に出してしまえば、留守の間に自由にやりたいことができるという目論見である。大隈の急進的政策に同調していたのが、伊藤博文、井上馨、渋沢栄一らで、彼らは当時あまりに元気がいいので、「アラビア馬」とも呼ばれていた。

さて、この使節団の予算はいかほどだったか。準備した金は五〇万両といわれており、それは五〇万米ドルに相当した。使節団は、当初一〇ヵ月の予定が結果として一年と一〇ヵ月にも延びたため、費用も一〇〇万両を超えたと思われるが、予算もヘチマもなく「必要なものはなんとか工面せい」というのが革命政権の気分であったろう。

さて、留守政府の中心メンバーは、正院を構成する左大臣の三条実美、参議の西郷隆盛、板垣退助、大隈重信の四人であった。しかし、この中で実務に通じ、財政のわかるのは大隈ひとりといってよい。そのころの行政機関は大蔵省が中心で、その責任者が井上でありその片腕が渋沢である。大隈はこの二人を中軸に、廃藩置県にともなう大仕事を次々と処理していくことになる。

野に下り、念願の銀行設立

明治六年に入ると、また予算編成の時期がくる。そして相変わらずの分捕り合戦が展開される。ところが元締めの井上馨は各省からの予算請求に大鉈《おおなた》をふるい、均衡予算主義を貫こうとする。

そこにもう一頭のアラビア馬、司法卿の江藤新平《えとうしんぺい》が立ちはだかった。司法省の予算を大々的に要求し、大蔵省に乗り込んで「つかみ取り」せんばかりの勢いだ。井上も負けていないから、大衝突に発展した。

江藤は井上の専横を憤り、尾去沢《おさりざわ》鉱山に関する井上の怪しげな利権を攻撃する。そして西郷や板垣まで味方につける勢いなので、井上と渋沢は孤立してしまい、ついには憤然と辞表をたたきつけるという事態になった。

とはいえ、渋沢栄一にとっては、かねてより早く民《みん》に下りたいと思っていたので、むしろ好都合だった。そして、すでに在職時代に銀行条例をつくっていた渋沢は、民の立場でそれを実現しようとするのだ。

金融の仕組みは江戸時代にもむろんあった。札差《ふださし》、両替、為替《かわせ》と呼ばれるもので、金融取引は先物《さきもの》まで含めて、すでに行なわれていた。札差は江戸の蔵前《くらまえ》に集まっていた富商で、主に幕府の米と金を扱い、融通もしていた。両替屋は各種の貨幣、地金銀の交換、融通を扱う業者であり、御為替組は幕府や大名などのために金融の便をはかっていた富商である。

ただ、こうした金融扱い業者は、江戸と大阪の特別な地域に限られていたし、対象も大名や大商人でしかなかった。広く全国の富商、富農、富民により蓄積された資本は蔵の中に寝ているばかりで、諸産業や公益事業に活用されることはなかったのである。

渋沢は、金を経済の血液と見て、資本を活用して、諸産業を起こし経済を発展させようと考えた。そこでフランスでの見聞を基に、伊藤のアメリカでの調査も加味して、西洋流の近代的な銀行をつくることに尽力する。そして明治五年八月にできた条例がなお旧来の体質を残していたので、それを改正し、明治六年六月六日、渋沢が本来目指した銀行条例をつくった。

その意図するところについては、「第一国立銀行株主募方《つのりかた》布告」というパンフレットに簡明に書かれてある。

「それ銀行はなお洪河の如し。その効用得て際限すべからず。然れどもその資金の未だ銀行へ集合せざるや、ただに溝潤点滴の水に異ならず。あるいは巨商、豪農之窖中《こうちゅう》に埋蔵し、あるいは傭夫老媼《ろうおう》の襟裡に潜伏し、利人富国の能力を有するも寂《せき》としてその功績あるを見ず。万里流行の効あるも、僅かに埠丘《ふきゅう》に障害せられ、さらに寸歩を進むに能わず」

銀行というのは大きな河のようなものだ、その効用は実に際限もなく大きい。金というものは銀行に集めないと、あちこちにある溝や水たまりに溜まっているのと同じで、豪商や豪農の蔵に埋蔵され、農夫や老婆の懐に潜んでいるばかりで、なんの役にも立たない。本当は人のためになり国を富ます力になるのに河に流れこまないからだ。

「然りしこうして一度銀行を創立し、その制宜に適し、能くその疎通の要路を開析せば、かの窖中襟裡にあるもの悉《ことごと》く迸出《ほうしゅつ》し、相集りて至大至洪の資金となり、貿易これに由りて繁盛し、産物これに由りて滋殖し、工業これに由りて精妙を致し、学術これに由りて蘊奥を極め、道路これに由りて利便を達し、しこうして闔国の形状これが為にその観を改め、以て人智を開き、国益を増し、生民日用行事の間、須臾も欠くべからざるの要具というべし」

そこで銀行というものを設立して、あちこちにある金をうまく集めれば、それは大きな流れになり膨大な資金になって、貿易を繁昌させ、諸産業を起こし、道路を整備し、学問を進め、教育を普及し、国富を増進し、国民の生活を豊かに便利にすることができる。

「今や維新の洪沢に浴し、貿易の道益々開け、工業の制いよいよ進み、貨幣改まり郵便開き、電線信を達しあるいは汽車重きを輸す。邦内かれこれの便ただ拍手歎称にいとまあらざるの際に当たり、独り銀行の紀律において未だ改正の挙あるも見ざるは、あにこれを欠典といわざるべけんや」

大政維新で貿易も工業も進み、貨幣や郵便や電信や鉄道も整備されるというのに、独り銀行だけが遅れてなるものかという意気込みである。

こうして資本金三〇〇万円の銀行が設立される。もっとも、そのうち二〇〇万円は三井組《みつい》と小野組《おの》の出資によるが、あくまでも合本主義を目指した渋沢の執念で、残る一〇〇万円は公募とし、結局株主七一名、資本金二四四万八〇〇〇円で発足することになる。

組織はまさに「双頭人事」で、頭取が三井八郎右衛門《はちろうえもん》と小野善助《ぜんすけ》の二人、副頭取が三野村《みのむら》利左衛門《りざえもん》と小野善右衛門《ぜんえもん》の大番頭二人、総監査役に渋沢栄一が就いて実質的に経営を担当することになる。まだ日本銀行のような中央銀行はないころであるから、この銀行こそが殖産興業の血液ともいうべき資金を供給する大元になり先駆けとなり、日本資本主義の勃興の配電盤になっていくのである。

富岡《とみおか》製糸工場の完成、尾高藍香《おだからんこう》との奇縁

渋沢は一方で、産業・貿易事業の具体化にも先鞭をつけている。当時、日本の緊急要事は外貨を稼ぐことであった。その輸出品のエースは生糸であり蚕種紙だった。しかし、その品質がばらばらで取引上不利だというので、まだ大蔵省の在官時代に、品質を検定し確保する組織をつくることにした。

また、先の欧州旅行での視察の体験も生かし、日本にもそれと同じような製糸工場を造ることを思いつく。そして正院の承認を得ると早速レオン・ロッシュに掛け合って、フランスから機械一式を購入し、その技術者を招く。同時にその立地を探して両毛《りょうもう》地方を見て歩き、その結果、富岡《とみおか》が適地なりとして、その陣屋跡に工場を造ることになった。

そこで、意外にもかつての師友、尾高藍香と出会うことになる。

前述の通り、藍香は自ら立ち上げた彰義隊が敗走すると、巧みに危地を脱して田舎に帰り、本来の家業に戻っていた。そこへ地元で水利問題が起き、水路の改修について県の方針と地元農民の意向が折り合わず、大きな反対運動に発展した。ところが県側が断固としてその申し入れを拒絶するので、藍香は県令に掛け合っても埒《らち》があかぬとみて、直接国に訴えることになり、自ら管轄官庁の民部省に押しかけるのである。そこで応接に当たったのが、奇しくもかつて大蔵省で渋沢の同僚だった玉乃世履であった。

藍香は、情理をつくして論じたてた。玉乃はそれにいたく感心し、陳情を聞き届ける。そして藍香の人物を調べてみると、なんと渋沢栄一の従兄であることが判明する。玉乃はこの人物を野《や》に置いておくのはもったいないと民部省に採用し、藍香が養蚕や生糸に詳しいことを奇貨として、富岡製糸工場の経営管理を委嘱するのだ。

こうして藍香は、期せずして渋沢の企画した近代的な製糸工場の立ち上げにかかわることになった。しかし、それは次々と障害が現われる難事業だった。まず建屋《たてや》をつくる材料がない、レンガがない、セメントがない。さらに、そのころの田舎は異人を毛嫌いし、フランスの技術者の宿舎をつくろうとすれば異人のために神聖な材木は遣わせないといい、ワインを

渋沢栄一が関係した主な会社

会社名 ──────→	現会社名
㈱第一銀行	㈱みずほ銀行
王子製紙㈱	王子製紙㈱、日本製紙㈱
㈱二十銀行	㈱みずほ銀行
東京海上保険㈱	東京海上日動火災保険㈱
㈱七十七銀行	㈱七十七銀行
大阪紡績㈱	東洋紡績㈱
日本鉄道㈱	東日本旅客鉄道㈱
日本郵船㈱	日本郵船㈱
東京瓦斯㈱	東京瓦斯㈱
三重紡績㈱	東洋紡績㈱
大日本人造肥料㈱	日産化学工業㈱
東京製鋼㈱	東京製鋼㈱
㈱東京石川島造船所	㈱ＩＨＩ
㈱帝国ホテル	㈱帝国ホテル
㈱東京貯蓄銀行	㈱りそな銀行
東京帽子㈱	オーベクス㈱
北越鉄道㈱	東日本旅客鉄道㈱
東洋汽船㈱	日本郵船㈱
汽車製造合資会社	川崎重工業㈱
浦賀船渠㈱	住友重機械工業㈱
岩越鉄道㈱	東日本旅客鉄道㈱
浅野セメント合資会社	太平洋セメント㈱
北海道鉄道㈱	北海道旅客鉄道㈱
㈱日本興業銀行	㈱みずほ銀行
品川白煉瓦㈱	品川リフラクトリーズ㈱
古河鉱業会社	古河機械金属㈱
大日本麦酒㈱	アサヒビール㈱、サッポロビール㈱
中央製紙㈱	王子製紙㈱
帝国劇場㈱	東宝㈱
日本皮革㈱	㈱ニッピ
澁澤倉庫㈱	澁澤倉庫㈱
清水万之助商店	清水建設㈱
合名会社中井商店	日本紙パルプ商事㈱
中外商業新報社	㈱日本経済新聞社

飲むのを見て生き血を吸う人種だといい、そんな異人とは一緒に働きたくないといって女工も集まらない。

そうした抵抗がいくつも惹起《じやつき》したが、藍香はそれをひとつひとつ粘り強く解決して工場の完成と稼働に尽力する。そして、初代工場長として遂に国産一号の西洋式製糸工場の開業にこぎ着けるのだ。それはまさしく日本の近代工業化のシンボルともなったフランス式レンガ建ての富岡製糸工場の誕生であった。

終章　いま求められる「論語資本主義」の精神

欧州体験は、渋沢に何をもたらしたか

明治六年、井上とともに大蔵省を辞した渋沢は、いよいよ民間事業に身を投じ、生涯その発展に挺身することになる。

その間、政府からも政党からも誘いがかかった。井上馨に首相の機会がめぐってきたとき、大蔵大臣にと慫慂《しょうよう》されたことがある。が、渋沢がきっぱりと断ったので、井上は総理大臣就任を諦めたこともあった。また、伊藤博文が政党を作る際に渋沢を勧誘した。議会の有力な議員として、おそらく大臣の椅子も用意したであろう。しかし、そのときも渋沢は断っている。

こうして民業に特化した渋沢が関与した会社は五〇〇社にも及んだ。217ページにその一端を示したが、それは銀行に始まり、各種産業、運輸交通、ホテル、劇場に広がり、日本の経済界、産業界に巨大な足跡を残した。また、教育事業や医療病院など、あるいは孤児院や各種の福祉事業にも大いにかかわり、その社会事業・公益事業は六〇〇にも及んだ。

なぜ、そのような超人的な活動が可能だったのか。そこには二つのことが浮かび上がってくる。一つは銀行であり、一つは合本主義である。つまり事業のキーファクターは金と人である。世の中に必要とされる事業をどう実現するか。まず企画があって、人がいて、金が要

る。それを事業化していく仕組みは銀行組織であり株式会社なのだ。そして事業が軌道に乗れば、あとは経営管理者に任せて、渋沢は次の仕事にとりかかる。その連続がこの超人的な事業展開になったのだ。そして、その二つのシステムを目の当たりにして学んだのが、若き日の欧州への旅であり、パリ滞在の日々だったといえるだろう。

七十歳代も半ばのころ、前述したとおり、渋沢はこう語っている。

「自分の一身上、一番効能のあった旅は、四十四年前の洋行と思います。この時が銀行を起こすこととか、公債を発行するとか、外国では役人と商人の懸隔が日本の如くでない、これはなんとかしなければならぬと言うことに気が付いた、これはよほど効能のあったことと思います」

その事業を官でなく民がやる。民が主体になって大規模な事業も公益事業も展開する。その点に渋沢は大いに触発された。欧州各地で織物工場や機械工場を見、スエズ運河やパリの上下水道のような大土木工事を視察し、ヨーロッパ中に張り巡らされた鉄道網を利用し、大陸を結ぶ郵船や港湾設備を見て、それらが民の人々の金を集め、その力を出し合ってできたことを知り、そのからくりを学んだのだ。富を増やすことで国を富まし、人の生活を豊かにしていくことができる。渋沢は、この方式・システムを日本に導入して、それも民力で立ち上げよう、その先頭に立とうと考えたのである。

渋沢の体に染みこんでいた『論語』

幸田露伴はその著『渋沢栄一伝』の中で次のように述べている。

「明治六年五月を以て官を退き、同六月を以て第一国立銀行総監役となり、以後の長き歳月の間、渋沢栄一はふたたび官に就かず職を転ぜず、大道砥のごとき上を、転湾抹角《てんわんまっかく》することなく、操履貞固《そうりていこ》、我邦実業界の発達と全社会の文明とのために力を尽くすことを怠らず、遂にいわゆる士魂商才の一個の大丈夫、善男子、好紳士、渋沢栄一を成就したのである」

渋沢の生まれは一八四〇年である。それは奇しくも皇紀二五〇〇年にあたり、またアヘン戦争が勃発した年でもあった。露伴はいう。人は誰でも時代の人である、その意味で時代に属せぬ人というものはない。が、

「渋澤こそは実にその時代に生まれて、その時代の風の中に育ち、その時代の水によって養われ、その時代の食物と灝気《こうき》とを摂取して、そして自己の駆幹を造り、自己の精神をおし立て、時代の要求するところのものを自己の要求とし、時代の作為せんとする事を自己の作為とし、求むるとも求めらるるともなく、自然に時代の意気と希望とを自己の意欲と希望と

して、長い歳月を克く勤め克く労したのである。故に、渋澤は渋澤氏の家の一児として生まれたのは事実であるが、それよりはむしろ時代の児として生まれたといった方が宜いかとも思われる。時代に係て誕生を語るのは蓋し然るべきことであろう、実に栄一は時代に造り出されたものであるからである」

渋沢はまさに時代の子であり、時代を象徴する人物だったというのだ。

膨大な伝記資料（五八巻、別巻一〇巻）を編纂した土屋喬雄は、自身も『渋沢栄一』を著わしており、そこからはこれまでも度々引用させてもらっているが、その生涯に一貫しているものは『論語』だとしている。

『論語』への渋沢の思い入れは深く、そのことはその著作『論語講義』の中にある「論語と算盤《ソロバン》」の要訣をみれば明らかであろう。そこで渋沢は次のように述べている。

「欧米の科学（学問全般）東漸して、今日の諸種の学問開けおれり。人びとその好む所の科学を修むべきは無論のことなれども、人倫の大本に至っては、父師友の接際に外ならず、この接際において誠実の心を失わざれば、必ず忠孝信愛の道立ち、申し分なき善美の人となり、官吏たると商人たると、はたまた農工人たるとを問わず、本章の行いの出来る人は立派なる学者以上の人なり、なんぞそのかつて何師につき学修せしや否やを問うこともちいんや、実学の真面目は誠にこの点に存す。余が明治六年五月辞官以来、もっぱら経済道徳一致説を唱え、人間生活上の経済観と、人道修飾上の道徳観と不二論を強調する所以のものあに他あらんや。その根源は本章の履践的実学に在り。実効さえすればその他に要もなきなり、架空の理論は人間に用うる所なし」

人倫の大本は父師友の交際にあり、誠実にあり、その実践にありとし、その教えが『論語』に凝縮されているというのだ。

一方、『渋沢栄一 近代の創造』を書いた山本七平氏は、こう記している。

「渋沢栄一は確かに『不倒翁』である。何しろ、幕末・明治・大正・昭和と生き抜き、さまざまな危機に遭遇しながら常に蹉跌《さてつ》なく社会で活動して行けたということ、それは、『奇跡』と言ってもよいかも知れぬ。そしてこのように長期間『不倒翁』でありつづけたことは、決して、要領よく立ちまわったからではなく、時流に迎合しつづけていたからでもない」

では、一体、何が渋沢をして九〇年に及ぶ「不倒翁」にしたのか、その秘密は何なのか。

山本氏は、それを「詩作の人」だったからだという。その意味するところは、「どんな時でも『詩作』という『自分だけの世界の人間』になり得たということである。いわば社会の変転の激しい時ほど、このような『不易』の『自己の世界』をもって、はじめて変転する社会に対応できる」というのだ。そしてこれこそが現代では失われ、かつ忘れられている幕末・明治人の特質の一つであろうと述べている。

しかし、渋沢の生涯を通観すれば、「詩作の人」といえるだろうか。詩人らしい感性とロマンを持ち続けたとしても、「詩作」を続けたとは言い難い。ここはやはり「論語の人」というべきであろう。渋沢に「不易」があるとすれば、それは少年時代から素読に始まり、体の中に染みこんだ『論語』であり、とくに記憶力が優れていた渋沢は『論語』を拳々服膺《けんけんふくよう》して骨肉化し、何か事があると胸中の『論語』に判断を求めた。

渋沢は、『大学』は政治的であり、『中庸』は哲学的であるとし、『論語』こそは最も実践的で日常処世の知恵としてふさわしいといっている。そして経済においても外交においても、人の世の和をはかり、平和を保つのに適しているとみた。

渋沢に深く接した人たちは、異口同音にいっている。何か問題があって問いかけると、渋沢はそれにふさわしい『論語』の一節をすらすらと引用して見事な解説を加えたと。渋沢の身心に『論語』がすっかりビルトインされていた証左であろう。

パリ時代に浴びた「サン＝シモン主義」の洗礼

雑誌「諸君！」（文藝春秋）に、「サン＝シモン主義者　渋沢栄一」のタイトルできわめて多面的で見事な伝記を連載（六三回）し、その人間像を浮き彫りにしたフランス文学者の鹿島茂氏は、一見意外とも思われる「サン＝シモン主義」と渋沢の関係について、おおむね次のように述べている。

概して評価の低いナポレオン三世は、実は素晴らしい治績を残した皇帝であり、その思想的拠《よ》り処にサン＝シモン主義があった。それは「産業を興すことで貧乏をなくそう」という思想であり、そのコアには金融システムと株式会社方式があった。それが「怪帝」と称されるナポレオン三世の登場によって採用され、その主導の下にフランスは短期間に産業革命を成功させ、労働者のための福祉的政策も現実化され、中世的な古く穢《きたな》い街を世界一の麗都パリへと大変身させる駆動力になった。ナポレオン三世は先進ロンドンをモデルにしながらも、さらに美しい都市を目指し、上下水道や灯火を整備し、ブローニュやビュットショウモンの公園をつくり、大祝祭としての万国博覧会を華々しく開催した。

渋沢自身はこの歴史的な成功物語の只中に遊学し、一年半も生活して、その空気を吸い肌で感じた。そして、ナポレオン三世の華々しい活躍とその仲間たち、多くの実業家や金融家や技術者に思いを馳せ、それらをいかにして実現したのかのからくりに注目した。それは、二つの鍵の組み合わせであった。一つは多くの人から資金を集め社会に供給する金融システムであり、一つはさまざまな人の力を結集して事業を展開する株式会社の仕組みである。しかもそれを、官でなく民の力でなし得るという点に深く感動し共感したのだ。

パリにおける渋沢の実務に関する指南役となったフリュリ・エラールは、自ら銀行家であり、各種の事業にも投資していたから、折りにふれ、そうした話をしたであろう。実際にエラールに勧められて、渋沢は手持ち資金を公債に投資してかなりの利益をあげたことは前述した通りである。渋沢はナポレオン三世治下のパリで、それとは知らずサン＝シモン主義の洗礼を受けたというのが、鹿島茂氏の洞察であり、その連載に「サン＝シモン主義者　渋沢栄一」と銘うった理由であった。

また、『渋沢家三代』（文春新書）を著わした佐野眞一《さのしんいち》氏は、渋沢のメタモルフォーゼ（変身）とパリ遊学の関係について、幼虫と蝶に譬《たと》えてこう評している。

「高崎城乗っとりを企てたとき、栄一はまだ攘夷思想に凝り固まった幼虫にすぎなかった。だが、一橋家に仕官し、パリに向かおうとする二十七歳の栄一は、少なくともサナギには進化していた。そしてそのサナギが志士という固いマユを破り、蝶として近代世界に飛び立つには、一年半におよぶパリ遊学生活が必要だった」と。

側室、愛人、渋沢の人間味

渋沢の生涯を総覧すれば、その青年時代は次のように区分できるだろう。

十四歳前後　読書好きで猛烈に本を読み勉強した少年時代
十七歳〜　農業体験、商売修行、実業実務の学習時代
二十二歳〜　志士気取りで国事に奔走する、壮士時代
二十四歳〜　一橋家に仕官する、貧乏サムライ、サラリーマン時代
二十八歳〜　昭武公子に随《したが》っての欧州旅行、パリの滞在遊学時代
二十九歳〜三十四歳　欧州体験を生かす、静岡藩、明治政府官僚時代

渋沢は自ら「血洗島村の農夫」といったように、根っこは農民であり、商人であった。それも若くして豪農商家的経営者の体験をした。そして一方では漢籍を学び剣術を習い、武士よりも武士らしく命を懸けて国事に奔走する志士になった。そのため、武士にしては珍しく

世事・俗事に通じ、実業・財務に詳しく、行く先々で重宝がられて短期間に特進することになった。

父親譲りの勤勉さと几帳面さを持ち、短期間に本質を掴む類い希《まれ》なる能力を持つ。そのうえ商才に長《た》け経済の大事さを体験的に知っていた。が、その心底にはしっかりと『論語』的モラルを堅持して、公益資本主義の実現を目指し、「官尊民卑」の社会を見事に覆《くつがえ》して、所期の目的を果たしたのだ。

それにしても、渋沢の生涯、とくに青年時代は挫折の連続だった。それもほとんどが相手の都合であって、自身の失敗が原因ではなかった。ところが、いつもそこから道が開け、活路を見出していく。それには素晴らしい人との出逢いがあり、またしばしば好運があった。その不思議さは驚くばかりだが、その人を惹きつけ運を呼び寄せたのは、渋沢の「人間力」であり、私心なき「誠意」とロマンに懸ける「覚悟」だったのではないかと思う。

言い換えれば、その生きざまには一貫したものがある。

一つには、士魂の人、詩魂の人、志の人　である。

二つには、実業の人、民業の人、経済の人　である。

三つには、誠の人、論語の人、道義の人　である。

それは埼玉の農家で父や従兄弟に育まれ、慶喜公の知遇を得て一橋家で鍛えられ、民部公子に随行した欧州体験によって大きく成長した。その根っこと幹が、明治・大正・昭和を通じての日本において、大きく多彩に花開き結実したということであろう。

むろん、渋沢にも欠点があった。露伴のいう「善男子、好紳士」とはいえない面があった。美女を好み、妾を囲い、自らも「明眸皓歯《めいぼうこうし》（美人のたとえ）に関することを除いては、俯仰天地に愧《は》じない」といって、それを認めている。栄一の日記に「一友人」とあるのは愛人のことだと末っ子の秀雄《ひでお》が書いているが、そういえば、後妻の兼子《かねこ》が「大人（栄一のこと）は〝論語〟というものを見つけなさった。これが聖書ならとても守れないものね」といったというが、それというのも『論語』にはその種のことを禁じる教えがないからだ。

儒教を目の敵にしながら、模範的な夫であり父であった福沢諭吉からいわせれば、渋沢はエセ・モラルの人になるのかもしれない。が、時代背景からしても、人間の本性からしても、むしろ人間的な親しみを感じてしまう。詩をつくり、美を愛するものからすれば、その心情の流れはごく自然に見えるからである。

確かに一時期、妻妾同居していたこともあり、顰蹙《ひんしゆく》を買うこともあったが、本人は側室のつもりだったのか、悪びれた様子もなかった。さらに七十歳を超えても愛人がいたとなると、この点でもサン＝シモン主義者に似て、愛も豊潤であり自由だったといえるのかもしれない。

渋沢秀雄は、自らも花柳界に出入りするようになってから、次のようにいっている。

「経済倫理の提唱と実践、社会事業、国際親善、教育事業への挺身など、もし父が婦人関係でも俯仰天地に愧じないほどの人だったら、私などにはもっと近づきがたい親だったろう。父の不品行を是認する訳ではないが、欠点というのは往々人間に味をつける香辛料や砂糖の役をする。孔子は『ワレ未ダ徳ヲ好ムコト色ヲ好ムガ如クナル者ヲ見ズ』といっているが、父は少なくとも、色を好む程度に徳を好んだ人だったと思う」

そして秀雄自身、若いときはその父に憤慨を覚えても、やがてそれが羨望に変わっていくのに気付くのである。

老齢を押して大臣に直談判する侠気

昭和三年十月一日、渋沢の米寿を祝う会が、帝国劇場と東京會舘で盛大に催された。発起人には日本を代表する実業家がほぼ全員名を連ね、賓客には日本の政財官界の主立った人がほとんど集まった。その席上、渋沢は挨拶に立ち、四〇分にも及ぶ大演説をぶったが、官と民の人がこのように同席して和気あいあいのうちに談笑する光景を目の当たりにすることは、永年にわたり実業界の向上発達を念願してきた渋沢にとって、この上なく嬉しいことだった。そのことを指して「わが身を祝うてくださるありがたさよりは、(官民がこのように一堂に会せることこそ) 国家のために誠に慶賀に堪えない次第でございます」と挨拶を結んだ。

また、昭和五年十二月、渋沢が九十一歳のとき、社会事業家の代表が飛鳥山《あすかやま》の邸に訪ねてきたことがある。東北の農民が二〇万人、凶作のために寒さと飢えに苦しんでいる、なんとか助けて欲しいと陳情に来たのだ。「救護法」はできたのだが、予算がないからと実施が遅れていたのである。

渋沢は風邪をこじらせて臥せっていたのだが、それを押して面会した。そして窮状を聞くや、「老いぼれの身でどれだけ役に立つか知りませんが、できるだけのことはしてみましょう」といって、すぐに自動車を用意するようにいい、大蔵大臣と内務大臣に電話をかけさせた。「これからうかがうからよろしく」というのである。

両大臣は高齢の渋沢を思いやり、自分の方から伺いますと答えたが、渋沢は聞かなかった。礼を重んじる謙虚な律儀さがそうさせたのだ。これには家族も猛反対し侍医もしきりに止めた。が、渋沢は「もし、これが原因で倒れても、二〇万人の人が助かるなら本望じゃ」と言い置いて出かけていった。ここには私心のかけらもない。あるのは「世のため人のために少しでも役に立つ」まごころだけだった。

そこにこそ渋沢栄一の『論語』があり「誠」があった。露伴は渋沢の人生を「恒《つね》に誠実一味を以て一般に臨んだ」としているが、一言に凝縮すれば「誠」こそ、その生涯を貫通する最もふさわしい言葉ではなかったかと思われる。

論語と資本主義のハイブリッド

渋沢栄一の生涯、とりわけそれを育んだ青年時代は、いま、平成の二十年代を迎え、大変化の時代に遭遇しているわれわれにとって、かけがえのない生きた教科書になるであろう。それはグローバル時代の今日、最も求められているリーダーのあるべき姿であり、私益より公益を求めた事業家のモデルであり、人間味溢れる全人的人間像の「雄気堂々たる姿」である。

そして、いま、世界的に問題になっている資本主義や市場主義についても、これを制御しコントロールし得る鍵が、ここにあるように思う。かつてマックス・ウエーバーが「プロテスタンチズムの倫理」をバランサーとしたように、渋沢は「論語の倫理」を持って資本の論理にバランスするものとしたのである。それは渋沢だけでなく、それに続く日本的経営者に共通した認識ではなかったのか。それは仮に「論語資本主義」とも名付けてもよい日本的なシステムであったと思う。

ここでキリストと孔子の言葉を想起したい。キリストは、「汝《なんじ》の欲するものを人に与えよ」といい、孔子は「汝の欲せざるところ人にほどこすことなかれ」といった。同じようなことをいいながら、きわめて対照的である。

プロテスタンチズムの倫理は、積極的だが押しつけがましくお節介なところがある。汝の欲するものは人も欲しているとする前提がある。しかし、人は同じではなく欲するものも多様である。それを一律に己の欲するものを人も欲すると考えるのは、単純であり浅薄だともいいうる。あるいは貧しい段階では当を得ているとしても、豊かな成熟社会にはなじまない。それは往々にして自己中心的な尊大な言動になる。

それに対し、孔子の言葉は、消極的で控えめである。少なくとも己の好まないことは人にしてはならないということであり、「殺してはならない、盗んではならない、過ぎたるはなお及ばざるなり」の世界である。そこには深遠な知恵が潜在しており、このグローバル時代に、そして成熟社会の段階において、最もふさわしい大人の論理だといえるのではなかろうか。

幕末の思想家、佐久間象山《さくましようざん》は「東洋の道徳、西洋の芸術（技術）」といった。それを渋沢にいわせれば「東洋の論語、西洋のシステム」になるかもしれない。いま、地球世界はいよいよ一体化し、グローバルに共通できる叡智、規範を必要としている。このとき、それに応えるものが、この渋沢の思想「日本的資本主義」にあるのではないか、「論語と資本主義のハイブリッド」にあるのではないか、というのが私の結論である。

〈参考文献〉

『渋沢榮一伝記資料』全68巻　渋沢青淵記念財団龍門社編（渋沢榮一伝記資料刊行会）
『渋沢栄一』土屋喬雄（吉川弘文館）
『雨夜譚』渋沢栄一（岩波書店）
『渋沢栄一』渋沢秀雄（渋沢栄一記念財団）
『渋沢栄一伝』幸田露伴（岩波書店）
『渋沢栄一　近代の創造』山本七平（祥伝社）
『渋沢家三代』佐野眞一（文藝春秋）
『渋澤栄一滞仏日記』日本史籍協会編（東京大学出版会）
『プリンス昭武の欧州紀行』宮永孝（山川出版社）
『チョンマゲ大使海を行く』高橋邦太郎（人物往来社）
『渋沢栄一、パリ万博へ』渋沢華子（図書刊行会）
『論語講義』渋沢栄一（講談社）
『論語と算盤』渋沢栄一（図書刊行会）

『徳川慶喜公傳』澁澤榮一（龍門社）
『最後の将軍――徳川慶喜』司馬遼太郎（文藝春秋）
『昔夢会筆記――徳川慶喜公回想談』渋沢栄一編（平凡社）

『激流――若き日の渋沢栄一』大佛次郎（恒文社）
『雄気堂々』城山三郎　（新潮社）

『不確実性の時代』ピーター・F・ドラッカー（ダイヤモンド社）
『張謇と渋沢栄一』周見（日本経済評論社）
「サン＝シモン主義者　渋沢栄一」（雑誌「諸君！」連載）鹿島茂（文藝春秋）

切りとり線

★読者のみなさまにお願い

この本をお読みになって、どんな感想をお持ちでしょうか。祥伝社のホームページから書評をお送りいただけたら、ありがたく存じます。今後の企画の参考にさせていただきます。また、次ページの原稿用紙を切り取り、左記まで郵送していただいても結構です。

お寄せいただいた書評は、ご了解のうえ新聞・雑誌などを通じて紹介させていただくこともあります。採用の場合は、特製図書カードを差しあげます。

なお、ご記入いただいたお名前、ご住所、ご連絡先等は、書評紹介の事前了解、謝礼のお届け以外の目的で利用することはありません。また、それらの情報を6カ月を越えて保管することもありません。

〒101-8701（お手紙は郵便番号だけで届きます）
祥伝社　新書編集部
電話03（3265）2310
祥伝社ブックレビュー　www.shodensha.co.jp/bookreview

★本書の購買動機（媒体名、あるいは○をつけてください）

＿＿＿新聞の広告を見て	＿＿＿誌の広告を見て	＿＿＿の書評を見て	＿＿＿のWebを見て	書店で見かけて	知人のすすめで

★100字書評……青年・渋沢栄一の欧州体験

					名前
					住所
					年齢
					職業

泉　三郎　いずみ・さぶろう

1935年生まれ。一橋大学経済学部卒。事業のかたわら、76年から岩倉使節団の足跡を追う旅を始め、約８年で主要ルートを踏破。その成果をもとに数々の著作やスライド映像を制作し、96年「米欧回覧の会」を設立。『米欧回覧実記』の現代語訳を企画・出版。著書に『明治四年のアンバッサドル』（日本経済新聞社）、『堂々たる日本人』『岩倉使節団』（共に祥伝社黄金文庫）、『岩倉使節団という冒険』（文春新書）、『伊藤博文の青年時代』（祥伝社新書）、共編著に『岩倉使節団の群像』（ミネルヴァ書房）、DVDに『岩倉使節団の米欧回覧』（慶應義塾大学出版会）など。
NPO法人 米欧亜回覧の会　www.iwakura-mission.gr.jp

青年《せいねん》・渋沢栄一《しぶさわえいいち》の欧州体験《おうしゅうたいけん》

泉《いずみ》　三郎《さぶろう》

2011年２月10日　初版第１刷発行
2021年３月25日　　　第２刷発行

発行者……………辻 浩明
発行所……………祥伝社《しょうでんしゃ》
〒101-8701　東京都千代田区神田神保町3-3
電話　03(3265)2081(販売部)
電話　03(3265)2310(編集部)
電話　03(3265)3622(業務部)
ホームページ　www.shodensha.co.jp

装丁者……………盛川和洋
印刷所……………堀内印刷
製本所……………ナショナル製本

Printed in Japan ISBN978-4-396-11230-1 C0295